Edney "InterNey" Souza

Transformação
Digital

Mentalidade, Cultura, Negócios e Liderança na Era Digital

Edney "InterNey" Souza

Transformação Digital

Mentalidade, Cultura, Negócios e Liderança na Era Digital

DVS EDITORA

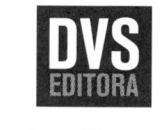

www.dvseditora.com.br
São Paulo, 2023

Transformação Digital
Mentalidade, Cultura, Negócios e Liderança na Era Digital

DVS Editora 2023 – Todos os direitos para a língua portuguesa reservados pela Editora.

Nenhuma parte deste livro poderá ser reproduzida, armazenada em sistema de recuperação, ou transmitida por qualquer meio, seja na forma eletrônica, mecânica, fotocopiada, gravada ou qualquer outra, sem a autorização por escrito dos autores e da Editora.

Revisão de Textos: Thaís Pol
Design de capa, projeto gráfico e diagramação: Bruno Ortega

ISBN: 978-65-5695-106-5

```
       Dados Internacionais de Catalogação na Publicação (CIP)
              (Câmara Brasileira do Livro, SP, Brasil)

    Souza, Edney
       Transformação digital : mentalidade, cultura,
    negócios e liderança na era digital / Edney
    Souza. -- São Paulo, SP : DVS Editora, 2023.

       ISBN 978-65-5695-106-5

       1. Cultura digital 2. Inovações tecnológicas -
    Administração 3. Liderança 4. Negócios
    5. Transformação digital I. Título.

    23-177295                                  CDD-658.05
```

Índices para catálogo sistemático:

1. Transformação digital : Administração   658.05

Tábata Alves da Silva - Bibliotecária - CRB-8/9253

Nota: Muito cuidado e técnica foram empregados na edição deste livro. No entanto, não estamos livres de pequenos erros de digitação, problemas na impressão ou de uma dúvida conceitual. Para qualquer uma dessas hipóteses solicitamos a comunicação ao nosso serviço de atendimento através do e-mail: atendimento@dvseditora.com.br. Só assim poderemos ajudar a esclarecer suas dúvidas.

SUMÁRIO

INTRODUÇÃO ... 6

COMO USAR ESTE LIVRO ... 8

UMA BREVE HISTÓRIA DA TRANSFORMAÇÃO DIGITAL ... 10

MENTALIDADE DIGITAL ... 14

CULTURA DIGITAL ... 42

NEGÓCIOS DIGITAIS ... 72

LIDERANÇA DIGITAL ... 132

CONCLUSÃO ... 167

INTRODUÇÃO

Durante muito tempo resisti à ideia de escrever um livro. Contribuí para diversos outros trabalhos, produzindo artigos, participando de entrevistas e até redigindo prefácios e posfácios. A tentação de escrever um livro inteiramente meu sempre esteve lá, mas eu resisti. O motivo? A velocidade com que a tecnologia evolui. Para que escrever um livro que, em poucos meses, pode ficar desatualizado?

Entretanto, com a passagem da pandemia do COVID-19 e a chegada da inteligência artificial generativa, a cultura digital se tornou o novo normal. Quem já operava no mundo digital não apenas sobreviveu, mas prosperou — as empresas digitais continuam a crescer, não importa quais crises apareçam no horizonte.

Mas por que escrever um livro sobre cultura e transformação digital quando há tanto conteúdo disponível sobre tecnologia? Este é o ponto: o digital é mais do que tecnologia. Este livro visa aprofundar tal conceito, ajudando você a entender o que a cultura digital realmente significa e prepará-lo para futuras transformações tecnológicas.

Ao contrário da tecnologia, a mentalidade digital não fica obsoleta. Ela evolui e se aperfeiçoa conforme a sociedade avança tecnologicamente.

Escolhi uma linguagem simples e acessível para todos. Você pode ser um empreendedor começando sua jornada, um executivo buscando adaptar-se à era digital ou um estudante de Administração se preparando para o futuro, de qualquer modo este livro foi escrito pensando em você.

Espero que esta obra possa trazer as mesmas oportunidades que os conhecimentos aqui abordados trouxeram para mim, tanto na vida pessoal como nos negócios. Ao fim desta jornada, espero que você não só entenda a cultura digital, mas seja capaz de adotá-la e disseminá-la por onde passar.

Boa leitura!

COMO USAR ESTE LIVRO

Este é um guia para compreender a transformação digital, que parte desde a mentalidade de um profissional da área até a implementação dessa cultura em empresas e a criação de negócios digitais.

Serve como um mapa para a sua jornada de transformação digital, tanto individual como corporativa. Se você ainda não compreendeu por que ou como a sociedade se transformou, este livro fornecerá as respostas.

Além disso, esta obra o incentiva a refletir. Muitas vezes, acreditamos que somos "digitais" apenas por usar produtos digitais, mas este material vai além, ajudando-o a ser um protagonista da era digital, e não apenas um usuário.

Se você lidera uma empresa ou equipe, encontrará aqui os conceitos necessários para adaptá-los à era digital. Se não trabalha diretamente com tecnologia, mas quer entender como o digital funciona, este livro trará as respostas necessárias.

Se você é um gerente de produto digital, aprenderá uma terminologia comum e voltada para resultados, que te ajudará a estabelecer um diálogo com diversas áreas dentro da empresa.

Se você trabalha com tecnologia, ler este livro consolidará muitos conceitos e apresentará termos digitais de outras áreas de negócios.

Este material é um mapa para o mundo digital, e este capítulo é a sua bússola.

UMA BREVE HISTÓRIA DA TRANSFORMAÇÃO DIGITAL

A história da transformação digital é uma viagem que vai desde as primeiras Revoluções Industriais até as fronteiras emergentes da tecnologia. Nesta jornada, podemos ver como a evolução tecnológica está profundamente entrelaçada com mudanças em nossa forma de viver, trabalhar e nos relacionar como sociedade.

Indústria 1.0 e Indústria 2.0 (1760–1968)

No final do século XVIII, a Revolução Industrial, agora conhecida como Indústria 1.0, mudou radicalmente a maneira como vivíamos e trabalhávamos. Empresas como a britânica Watt & Co, liderada por James Watt, inovaram com as máquinas movidas a vapor, que substituíram o trabalho manual, possibilitaram produções em massa e geraram crescimento econômico em uma escala nunca vista.

A Indústria 2.0, que se seguiu no final do século XIX e início do XX, viu a eletricidade substituir o vapor. Empresas como a General Electric e a Westinghouse foram fundamentais nessa transição, permitindo um aumento ainda maior da produtividade e uma expansão em novas áreas industriais.

Essas inovações tecnológicas foram o embrião do que mais tarde seria a transformação digital.

Indústria 3.0 (1969–1999)

A terceira Revolução Industrial, ou Indústria 3.0, iniciada na década de 1970, foi marcada pela introdução de computadores e tecnologia digital nas fábricas. Esse período foi tomado pela ascensão de gigantes da tecnologia, como IBM e Microsoft. Essa nova era foi definida pela automação e pelo aumento na eficiência que as máquinas digitais trouxeram.

A criação do **computador pessoal**, na década de 1970, impactou significativamente a vida dos indivíduos. Empresas como a Apple, com o Apple II, e a IBM, com o PC, tornaram a computação e a tecnologia digital acessíveis para além dos ambientes industriais ou empresariais. Isso levou a uma explosão de novas formas de entretenimento, como videogames, e deu origem a uma nova era de comunicação e produtividade.

A **internet**, criada em 1969, foi primeiro reservada ao exército e às universidades, e começou a ganhar o mundo a partir da sua disponibilidade comercial em 1987. Com a popularização da internet nos anos 1990 — impulsionada em grande parte pelo Netscape e, mais tarde, pelo Google —, veio uma mudança ainda mais profunda para a vida das pessoas: a possibilidade de se conectar instantaneamente com indivíduos de todo o mundo, acessar uma infinidade de informações e realizar transações comerciais. Essa conectividade revolucionou a maneira como vivemos, trabalhamos e nos divertimos.

Indústria 4.0 (2000–2022)

A Indústria 4.0, um termo cunhado no início do século XXI, descreve a era atual de produção digitalizada e interconectada. É caracterizada por tecnologias como Internet das Coisas (IoT), inteligência artificial, big data e análise de dados.

O **smartphone** (popularizado por volta de 2007 com o lançamento do iPhone pela Apple) combinou, em um único dispositivo portátil, o computador pessoal e o acesso à internet. Isso permitiu a conexão constante, a comunicação instantânea e o acesso a informações em tempo real, tornando-se uma ferramenta indispensável na vida moderna.

As **redes sociais**, que se popularizaram ao longo dos anos 2000 a 2020, com empresas como Meta (Facebook e Instagram), Google (YouTube) e ByteDance (TikTok), permitiram aos indivíduos compartilhar experiências, informações e opiniões em uma escala global. Elas mudaram a dinâmica de como nos comunicamos e interagimos, com novas formas de se conectar, aprender e entender o mundo. Não somente entre as pessoas, mas também entre marcas e consumidores.

Nos anos 2010 e 2020, a disponibilidade e o uso de grandes quantidades de dados (**big data**), gerados principalmente pelos smartphones e redes sociais, trouxeram avanços significativos em várias indústrias. As empresas utilizam essas informações para tomar melhores decisões, criar melhores produtos e serviços e entender melhor seus clientes. A análise de dados se tornou uma ferramenta indispensável para a operação e a estratégia de negócios em praticamente todas as indústrias.

A pandemia da COVID-19, que começou no final de 2019 e marcou de forma mais agressiva os anos 2020 e 2021, forçou empresas em todo o mundo a acelerar sua transformação digital. Com bloqueios e restrições físicas, a adoção do trabalho remoto, do comércio eletrônico e dos serviços digitais tornou-se vital para a sobrevivência de muitas empresas.

Indústria 5.0 (2023 em diante)

A Indústria 5.0 promete levar a transformação digital a um novo nível. As tecnologias emergentes prometem uma interação mais profunda e integrada entre humanos e máquinas.

A **inteligência artificial generativa**, ainda em seus estágios iniciais em 2023, promete transformar a forma como interagimos com a tecnologia. Ao invés de simplesmente seguir instruções pré-programadas, podemos dar comandos (prompts) livremente para moldar o resultado das tarefas de texto, imagem, áudio e vídeo. Essas IAs podem aprender, adaptar-se e criar de formas novas e inesperadas. Isso pode levar a avanços significativos em todas as áreas, mudando fundamentalmente a maneira como trabalhamos e vivemos.

Ao contrário das tecnologias até então disponíveis para o indivíduo comum, como o computador pessoal, a internet, o smartphone e as redes sociais, a inteligência artificial generativa chega gratuitamente a toda a população conectada pelo mundo. Apesar de existirem serviços pagos, você não precisa comprar nenhum dispositivo novo ou assinar um serviço mensal, pode apenas se conectar e utilizar, seja para seu entretenimento pessoal, seja para o seu dia a dia profissional.

Além da inteligência artificial, a popularização da robótica em diversas áreas, o crescimento da computação quântica e da realidade aumentada prometem mudar diversas vezes as formas de interagirmos e fazermos negócios. Já vivemos em um mundo de constantes mudanças e tudo indica que ainda vem muita coisa nova pela frente.

MENTALIDADE DIGITAL

O que é digital?

Se o digital não é tecnologia, então o que é?
A resposta é simples: desmaterialização.

Desmaterialização

Talvez você já tenha ouvido falar sobre a digitalização de documentos, que é o processo de conversão de um documento físico para um digital.

- Uma música deixa de ser um CD ou um disco de vinil e passa a ser um arquivo digital de áudio.

- Um livro deixa de ser papel e se torna um arquivo digital de leitura.

- Um filme deixa de ser uma fita VHS ou um disco Blu-ray e se torna um arquivo digital de vídeo.

- Uma apresentação deixa de ser um conjunto de transparências ou flip chart e se torna um arquivo digital de slides.

Porém, a desmaterialização vai além da digitalização de documentos. Quando um objeto físico é desmaterializado e se torna digital, isso permite que ele seja manipulado e transportado de diferentes maneiras. Você pode:

- Criar cópias facilmente.

- Enviar para o outro lado do mundo (ou para outros planetas) por meio da internet e outros tipos de redes.

- Permitir que diversas pessoas colaborem simultaneamente, o que, dependendo da quantidade de pessoas, não seria possível em um espaço presencial.

- Alterar com mais facilidade e combinar com outros arquivos digitais para criar objetos que só passam a existir apenas no espaço digital.

- Expor para muito mais pessoas do que caberiam em qualquer estrutura física existente.

O problema quando olhamos o digital como tecnologia e não como desmaterialização é que continuamos usando esses objetos digitais da mesma forma que os usávamos quando eram físicos.

Por que artistas lançavam um álbum? Para criar um valor agregado que justificasse o investimento de uma pessoa, que por sua vez tinha de remunerar toda a cadeia de distribuição.

A partir do momento que você entende que pode criar valor de outra forma, simplificar e massificar a distribuição, consegue criar um sistema de assinaturas que permite acesso a várias músicas.

Isso não seria possível com objetos físicos, pois dificilmente uma pessoa manteria uma assinatura para receber música regularmente na sua casa em CDs. Provavelmente os custos de logística tornariam inacessível o preço desse serviço.

Desmaterializar os objetos físicos permite novas aplicações e modelos de negócios para esses mesmos objetos, uma vez que as leis da física mudaram em relação ao objeto.

A desmaterialização também acontece com processos. Um processo em si já é imaterial, porém, antes dependia de materiais físicos como formulários e relatórios em papel. E esses materiais precisavam ser transportados de um lado para o outro para que um processo acontecesse.

A desmaterialização de processos transformou esses formulários e relatórios em sistemas de informação nos quais os dados são coletados diretamente na tela do computador ou do seu celular.

O fluxo de papéis que antes trafegava fisicamente passou a ser substituído pelo fluxo digital dos sistemas de informação. Assim que os dados entram no sistema, eles são processados e encaminhados de forma automática para diversas áreas e pessoas, independentemente de onde cada pessoa envolvida esteja localizada.

Deslugarização

Uma vez que objetos físicos são desmaterializados, eles podem ser manipulados a partir de qualquer lugar, permitindo outro fenômeno, que chamamos de deslugarização.

Antes um médico precisava necessariamente receber um paciente em seu consultório para atendê-lo. Com a desmaterialização do atendimento, a telemedicina, tanto paciente quanto médico podem estar em qualquer lugar para consultas que não envolvam exames físicos.

Um restaurante precisava ter mesas, cadeiras e garçom para atender seus clientes. Com a digitalização do processo de venda e popularização da modalidade delivery, é possível criar uma "dark kitchen", um espaço onde existe um restaurante apenas com cozinha, e todas as refeições são entregues por delivery.

Escritórios tinham sala de espera, recepção, uma infinidade de baias, salas de reunião, área do cafezinho e banheiro. Com o trabalho remoto, preferência entre os profissionais digitais, aqueles que precisam apenas do computador para trabalhar, o escritório pode ser a casa do trabalhador. Surgem também os coworkings, escritórios compartilhados com infraestrutura compartilhada entre diferentes empresas, onde os funcionários vão eventualmente para criar relacionamento e fortalecer a cultura.

Surgem novos supermercados trabalhando exclusivamente com entregas, tribunais fazendo sessões de conciliação virtual e aulas sendo lecionadas remotamente. Quando digitalizamos a comunicação entre empresa e cliente, permitimos deslugarizar as relações comerciais.

Os locais físicos mudaram de formato e às vezes até se tornaram irrelevantes em função da transformação digital. O lugar deixa de ser o centro das atenções de alguns negócios, e dá lugar à experiência do consumidor.

Não deixamos as relações presenciais de lado, apenas nos tornamos mais seletivos sobre o que vamos fazer com nosso tempo e com quem vamos dividir nossas experiências.

As Quatro Mentalidades do Pensamento Digital

Para compreender como manipular e criar objetos e processos digitais, você precisa desenvolver e combinar quatro mentalidades: UX, Programação, Marketing e Dados.

1. Mentalidade de UX: Foco no cliente

Se posso manipular os objetos de maneira completamente diferente, como descubro o que posso fazer e como fazer?

UX é abreviação de User eXperience, ou experiência do usuário em português. O profissional de UX se esforça para otimizar a experiência do consumidor. Vivemos em um mundo onde a localização física é menos relevante, e as diferenças de preço entre produtos similares são mínimas. Nesse cenário, a qualidade do produto ganha destaque na decisão de compra. Quando muitos produtos são parecidos, a experiência proporcionada ao consumidor passa a ser o elemento diferenciador.

A experiência do usuário (UX) é um conceito amplo que não se limita apenas ao momento de criação de um produto ou serviço. A UX inclui várias partes.

1. **Desenvolvimento de interface do usuário (UI):** Isso se refere à criação de um site ou aplicativo que seja intuitivo e fácil de usar. O design da interface do usuário é responsável por todos os elementos que você vê ao usar um aplicativo ou um site, como botões, menus e ícones, e o modo como eles funcionam juntos.

2. **Redação orientada para o usuário (UX Writing):** Este é o processo de elaborar as mensagens que aparecem para o usuário durante a interação com um chat automatizado (chatbot), por

exemplo. O objetivo é fornecer informações claras e úteis de maneira conversacional, tornando a interação do usuário com o chatbot o mais agradável e eficiente possível.

3. **Experiência do funcionário (Employee Experience):** Abrange todas as interações que um funcionário tem com a empresa, desde o momento da contratação até a saída, se este for o caso. O objetivo aqui é garantir que os funcionários tenham uma experiência positiva ao trabalhar na empresa, o que pode aumentar a satisfação e a produtividade.

4. **Experiência do Cliente (Customer Experience):** Refere-se à percepção geral que um cliente tem de uma empresa, levando em consideração todas as interações, antes, durante e após a compra. Inclui tudo, desde a facilidade de navegação no site até a eficácia do atendimento ao cliente.

Cada um desses elementos desempenha um papel crucial na formação da experiência geral do usuário e na satisfação com um produto ou serviço.

A combinação de várias disciplinas de experiência resultou em uma nova área organizacional: TX (Total eXperience). Nas empresas que adotam o TX, há um gestor de experiência (ou CXO), cuja função é assegurar que qualquer pessoa — usuário, cliente, fornecedor ou funcionário — tenha uma experiência positiva ao interagir com as diferentes áreas ou aspectos da organização.

O que fazer?

Ao desmaterializar grande parte dos objetos do nosso mundo, o mercado digital criou mais oportunidades de negócio e diminuiu a complexidade para criar novos produtos e serviços.

O ponto de partida para entender o que você deve criar é o ponto de vista do cliente. Em um mundo muito competitivo, com muitas opções, o cliente é que vai decidir onde investir o seu dinheiro.

Isso nem sempre era verdade no mundo material, pois às vezes um determinado produto ou serviço não estava disponível na localidade geográfica em que ele vivia. Com menos opções disponíveis, muitas vezes o proprietário de um negócio local fazia a escolha pelo cliente quando elegia seu fornecedor.

Como eu garanto o sucesso do meu produto com essas novas leis da física? Você cria algo que tem certeza que o cliente quer comprar.

A metodologia mais utilizada para criação de produtos e serviços com a mentalidade de UX é o *design thinking*.

Design thinking
Esta é uma abordagem crítica e criativa que busca a solução de um problema a partir da sua origem: o cliente.

Existem livros inteiros sobre design thinking, portanto, vou me limitar a explicar como o processo funciona e recomendo que você se aprofunde no tema ou contrate um especialista quando estiver na fase de criação de produtos e serviços.

Empatia
O processo de design thinking começa pela empatia. Nesta fase, os profissionais envolvidos (geralmente um time multidisciplinar) estudam o cliente e listam seus desejos, medos e problemas.

Definição
Com o trabalho de empatia organizado, começa a fase de definição, na qual um problema é eleito para ser resolvido. Em geral é o problema que causa maior impacto sem necessariamente envolver muita complexidade.

Ideação

Uma vez definido o problema, começa a fase de ideação, na qual várias ideias são geradas e uma é eleita para ser desenvolvida. Em geral, são ideias viáveis do ponto de vista tecnológico e financeiro, e, o mais importante, que resolverão um problema do cliente coletado na fase de empatia, eliminando seus medos e atendendo seus desejos.

Prototipação

Quando eleita a ideia, é a hora da prototipação. Ao invés de gastar uma fortuna para começar a colocar um novo produto ou serviço em produção/operação, criamos um protótipo e o apresentamos para o cliente, que pode validar ou criticar a ideia — ou, o mais comum, um pouco de ambos.

Testes

Após alguns ajustes apresentados pelo cliente, entramos na fase de teste, na qual será criado um produto/serviço real, porém ainda bem simplificado para ser melhorado conforme aprendemos sobre o consumidor. Esse produto ou serviço simplificado é chamado de mínimo produto viável (MVP).

O MVP é a base para criarmos um negócio digital de sucesso e vamos discuti-lo com mais detalhes adiante neste livro.

Note que, no processo de design thinking, o cliente participou de várias partes do desenvolvimento (empatia, prototipação, teste), dessa forma, ao final da criação do produto ou serviço, é muito provável que o resultado capture a atenção e encante o cliente.

Como fazer?

Como interagir com objetos desmaterializados? É preciso criar interfaces para a interação homem-máquina. É aí que entra o trabalho de um dos profissionais de UX: o UI (User Interface) Designer.

O designer de interface de usuário cria o layout das telas de um sistema de informação. Alguns exemplos de interface de usuário incluem o sistema operacional do seu celular, as telas dos aplicativos que você usa e as páginas que navega na internet.

O trabalho do UI Designer é compreender padrões com os quais o usuário está familiarizado e apresentar o projeto de uma forma que torne simples a tarefa de interagir com os objetos desmaterializados.

Para criar interfaces simples, o trabalho desse profissional muitas vezes importa conceitos do mundo físico. Até hoje as interfaces de tocadores de música usam os símbolos de "Play" e "Pause" e "Stop" dos antigos gravadores de fita.

Mas isso não significa que seja sempre um trabalho de imitação. Acomodar formulários e relatórios na tela de um computador ou celular requer grande criatividade e um estudo profundo do comportamento humano. Se você se sente perdido quando abre a tela de algum aplicativo, certamente faltou um bom trabalho de UI Design ali.

Em muitas categorias de aplicativos não é a quantidade de funcionalidades que torna aquele aplicativo um campeão de audiência, na maioria das vezes é uma boa experiência do usuário, que vem acompanhada de um layout simples de interagir criado por um designer de interfaces.

Uma forma de entender melhor o comportamento do usuário é utilizar a metodologia Jobs To Be Done, ou "trabalho a ser feito", em tradução livre.

Jobs To Be Done
Esta metodologia surge como uma nova maneira de entender as necessidades dos consumidores. Quando as pessoas compram um produto ou serviço, estão tentando resolver um problema. O foco dessa abordagem é justamente entender esse "trabalho" que o consumidor precisa realizar.

Diferentemente de outras abordagens que priorizam o produto e o que poderia ser melhorado nele, a teoria do "trabalho a ser feito" coloca o consumidor em primeiro plano. Afinal, por que os lançamentos de produtos falham mesmo após várias pesquisas? A resposta pode estar no foco dessas pesquisas.

Em vez de perguntar o que o cliente achou do produto, o Jobs To Be Done busca entender os problemas que o consumidor quer resolver, suas expectativas e dificuldades. Aqui, a melhoria ou criação de novas soluções tem como base o comportamento do consumidor, e não o produto em si.

Esse conceito surgiu da obra de Clayton Christensen, professor de Administração de Harvard. Em seus livros, ele propõe uma reflexão: o produto é uma solução para um problema do consumidor, e não o contrário. E é assim que, ao entender o "trabalho a ser feito" pelo consumidor, conseguimos criar ou melhorar produtos de maneira mais assertiva, aumentando suas chances de sucesso.

O caso McDonald's

Um caso clássico da aplicação da metodologia Jobs To Be Done aconteceu no McDonald's. A empresa precisava vender mais milkshakes e, depois de várias tentativas fracassadas de melhorar as vendas, passou a estudar o comportamento dos consumidores que os compravam.

Em pouco tempo perceberam um padrão. Quase metade das pessoas compravam milkshakes pela manhã, sozinhas, e os levavam para o carro.

Ao perguntar por que faziam isso, descobriram que esses consumidores queriam algo que os acompanhasse durante a viagem de carro e segurasse a fome até as 10 da manhã. Podia ser um donut, uma fruta ou uma barra de cereal, mas o milkshake era, para essas pessoas, uma solução mais interessante.

Compreendendo o "trabalho a ser feito", o McDonald's pode criar um milkshake de café da manhã, mais espesso (para durar o caminho todo) e mais interessante (com pedaços de frutas).

O Jobs To Be Done do McDonald's também rendeu outro produto, um milkshake mais fino para crianças pequenas (que normalmente não conseguiam tomar o milkshake normal pelo canudo, por ser muito espesso.)

Para aplicar a metodologia Jobs To Be Done são necessários seis passos:

1. Defina o mercado a partir do "trabalho a ser feito"

O primeiro passo na abordagem Jobs To Be Done é olhar para o mercado de uma forma diferente. Nesta metodologia, o mercado é definido não apenas por um grupo de pessoas, mas pelo "trabalho" que essas pessoas estão tentando fazer. Ou seja, o mercado é a combinação de um grupo de pessoas e o problema que elas estão buscando resolver.

Por exemplo, o mercado pode ser "moradores de apartamento que querem cuidar bem de seus animais de estimação". Aqui, "moradores de apartamento" são o grupo de pessoas, e "cuidar bem de seus animais de estimação" é o trabalho que elas estão tentando fazer.

Outros exemplos podem ser "estudantes escolhendo uma carreira" ou "empresas de tecnologia contratando desenvolvedores". Em cada um desses casos, o "trabalho a ser feito" é um problema ou necessidade que continuará existindo por muito tempo.

Essa forma de definir o mercado traz várias vantagens:

- **Inovação baseada em dados:** O "trabalho a ser feito" é um processo que pode ser medido e avaliado. Assim, a inovação se baseia em dados concretos sobre o que o cliente precisa.

- **Foco nas necessidades do cliente:** Se uma necessidade do cliente ajuda a realizar o "trabalho a ser feito" de forma mais eficiente, então ela deve ser priorizada. Necessidades menos relacionadas ao "trabalho a ser feito" podem ser colocadas em segundo plano.

- **Definição mais precisa da concorrência:** A concorrência não é necessariamente a empresa que oferece o mesmo produto ou serviço, mas sim quem atende ao mesmo "trabalho a ser feito".

- **Proteção contra a disrupção:** Se surgem novas maneiras de fazer um trabalho, uma empresa focada no "trabalho a ser feito" está menos propensa a ser pega de surpresa por mudanças de mercado.

- **Insights globais sobre o mercado:** Pessoas de diferentes países podem compartilhar o mesmo "trabalho a ser feito". Mesmo que haja diferenças culturais locais na forma como esse trabalho é feito, há muito a aprender de cada contexto.

2. Descubra as necessidades do cliente

Nem sempre um cliente sabe qual a solução para um problema, mas com certeza ele sabe quais são as suas necessidades. Talvez um cliente do século passado pedisse como solução carruagens mais velozes ao invés de um carro, porém o carro não é o problema, ele é a solução. O "trabalho a ser feito" é se deslocar de um lugar para outro no menor tempo possível.

Conhecendo as necessidades do cliente você saberá como melhorar seus produtos, que novos produtos criar e até em que tecnologias apostar.

Para levantar todas as necessidades do cliente, é importante analisar cada etapa de um "trabalho a ser feito" e entender qual o resultado esperado por esse consumidor em cada etapa. Devem ser consideradas necessidades práticas, sociais, emocionais e financeiras.

Se conseguiu atender todas as necessidades ao entregar a solução, você acabou de criar uma excelente experiência para o cliente.

3. Quantifique as entregas do "trabalho a ser feito"

Agora que você tem clareza de quais são as necessidades, é possível fazer pesquisas para quantificar se elas estão sendo atendidas ou não. As pesquisas nessa fase têm os seguintes objetivos:

- Descobrir oportunidades para fazer o trabalho melhor.

- Descobrir oportunidades para fazer o trabalho de forma mais barata.

- Priorizar as mudanças a serem efetuadas.

- Determinar os pontos fortes e fracos das soluções concorrentes.

4. Descubra oportunidades escondidas
Não existe um acordo entre os consumidores sobre quais são as necessidades mais importantes em um "trabalho a ser feito". Por isso, é possível ter diferentes soluções focando em diferentes conjuntos de necessidades.

Para descobrir oportunidades escondidas, organize os grupos de consumidores por necessidades não atendidas. Cada necessidade não atendida é uma oportunidade de criar um novo produto ou serviço que atenda melhor aquele trabalho.

5. Alinhe produtos existentes com as necessidades de mercado
Às vezes o produto existente atende essas oportunidades escondidas, mas o cliente não sabe que ele também resolve aquelas necessidades.

Se esse for o caso, é hora de alinhar a estratégia do marketing e das vendas em torno dessas necessidades não atendidas e conquistar um novo grupo de clientes.

6. Crie novos produtos com foco nas necessidades não atendidas
Ao entender o tamanho do mercado existente ao redor de cada necessidade não atendida, é hora de avaliar se vale a pena customizar seu produto ou serviço para aquele segmento específico.

Você pode criar um produto completamente novo, mixar produtos existentes ou fazer pequenas modificações em um determinado produto, tudo depende dos custos envolvidos e tamanho das oportunidades descobertas.

2. Mentalidade de programador: O automatizador

Imagine que você tem a tarefa de enviar um relatório semanal por e-mail para a sua equipe. Toda semana, precisa coletar os dados, criar o relatório, escrever o e-mail e enviá-lo. Agora, imagine se isso pudesse ser feito automaticamente, sem que você precise se lembrar ou dedicar tempo a essa tarefa?

Isso é a mentalidade de um programador: encontrar formas de automatizar tarefas, especialmente aquelas que envolvem a manipulação de dados digitais.

O trabalho do programador consiste em criar sistemas que manipulam objetos digitais. Eles olham para uma tarefa e a dividem em partes, buscando maneiras de escrever códigos que coletem e manipulem os dados necessários para executar essa atividade. É como programar uma cafeteira para preparar o café enquanto você ainda está na cama.

"Automatizar o máximo de tarefas possíveis" é a premissa que move a mente do programador. A questão é que não se trata apenas de codificação. Trata-se de entender que muitas tarefas que fazemos no dia a dia, especialmente as que envolvem dados digitais, podem ser automatizadas.

Por exemplo, você trabalha em um escritório e precisa enviar um relatório semanal por e-mail para a sua equipe. Em vez de se lembrar de fazer isso todas as semanas, por que não automatizar? Há ferramentas, como o Zapier ou o IFTTT, que podem ajudar nessa tarefa.

A chave aqui não é necessariamente se tornar um programador, mas sim adotar a mentalidade de um. Entender como os softwares funcionam e como podem nos ajudar a ser mais produtivos. No futuro, todos precisarão dessa habilidade, seja na vida pessoal, seja na vida profissional.

Vamos a um exemplo concreto: um profissional de vendas pode enviar um contrato para ser assinado digitalmente e, logo após a assinatura do cliente, iniciar automaticamente um projeto e disparar uma cobrança. Tudo isso sem escrever uma única linha de código, mas utilizando e conectando diferentes softwares existentes para criar automações.

Mas por onde começar? A primeira coisa é entender claramente o processo que você quer automatizar. Para isso, um framework que pode ajudar é o SIPOC.

SIPOC

No mundo da melhoria contínua de processos, uma metodologia popular é o Six Sigma. Dentro dela, uma ferramenta essencial para a documentação dos processos é o SIPOC, um acrônimo para Suppliers (fornecedores), Inputs (entradas), Process (processo), Outputs (saídas) e Customers (clientes).

Embora originalmente desenvolvido para aprimorar processos no Six Sigma, você pode usar o SIPOC com um olhar de programador: documentar para entender como um processo pode ser automatizado.

Ao preencher o SIPOC, considere os pontos a seguir.

- **Cliente**: Identifique quem é o cliente do processo, aquele que se beneficiará do resultado final.

- **Saída**: Descreva o resultado do processo. É o produto ou serviço entregue ao cliente.

- **Processo**: Detalhe todas as atividades envolvidas no processo. Esta é a etapa em que o input se transforma na saída.

- **Entradas**: Liste os insumos necessários para que o processo ocorra, isto é, os dados ou recursos que você precisa para produzir a saída desejada.

- **Fornecedores**: Identifique a origem dos insumos. Pergunte: de onde vêm os dados ou recursos que são usados no processo?

Vamos considerar um exemplo de processo para entender melhor como funciona a ferramenta SIPOC. Veja o processo de geração de leads:

Cliente: Departamento de vendas

Saída: Lead Qualificado

Processo:

- Criar um e-book atrativo para o consumidor;

- Desenvolver uma landing page.

- Inserir um formulário com campos necessários para identificar e qualificar o lead.

- Adicionar o e-book para download após o envio do formulário preenchido.

- Definir critérios para avaliação de um lead qualificado;

- Criar anúncios.

- Definir público-alvo e direcionar a landing page como destino do anúncio.

- Escolher imagens e textos para os anúncios.

- Definir o orçamento para a campanha publicitária.

- Lançar a campanha.

- Encaminhar os leads qualificados para o departamento de vendas.

Entradas:

- E-book.
- Conteúdo para a landing page.
- Imagens e textos para os anúncios.

Fornecedores:

- Agência de publicidade.
- Departamento de marketing.

Abordagem de resolução de problemas

Um dos pontos fundamentais na mentalidade de um programador é a abordagem de resolução de problemas. Programadores são essencialmente solucionadores de problemas. Eles veem uma tarefa ou um desafio e imediatamente começam a quebrar o problema em partes menores e mais gerenciáveis.

Por exemplo, se um programador é desafiado a criar um sistema de gerenciamento de estoque para uma grande empresa de varejo, ele não se limita a olhar para a tarefa como um todo. Em vez disso, começa a desmembrá-la em partes menores. Ele poderia começar analisando as necessidades de diferentes departamentos da empresa, depois focar na forma como os dados de estoque são coletados e gerenciados, como as informações precisam ser apresentadas etc.

Esse processo de decomposição do problema é uma técnica conhecida como "dividir para conquistar" e é uma das principais ferramentas em qualquer kit de habilidades de um programador. É também um método extremamente útil para abordar problemas complexos em qualquer contexto, não apenas em programação.

Uma vez que o problema é dividido em partes menores, os programadores começam a abordar cada parte de forma sistemática. Eles identificam o problema, planejam uma solução, a implementam e, em seguida, testam para garantir que a solução funcione como pretendido.

Este é um ciclo contínuo de aprendizado e ajuste, conhecido como ciclo de vida do desenvolvimento de software. Embora seja uma estrutura do mundo de programação, a essência deste processo — a identificação de problemas, planejamento, implementação e teste — pode ser aplicada a muitos aspectos dos negócios.

Por exemplo, se você está planejando uma nova campanha de marketing, pode adotar uma abordagem semelhante: identifique o objetivo da campanha (o problema a ser resolvido), planeje-a (a solução), implemente-a e, finalmente, monitore e ajuste a campanha com base em seu desempenho (teste e ajuste).

Entendeu por que essa mentalidade é tão importante para a transformação digital e o desenvolvimento de negócios digitais? A tecnologia e os negócios digitais estão intrinsecamente ligados à resolução de problemas. Seja para a criação de um aplicativo para melhorar a experiência do cliente, seja para o desenvolvimento de um sistema interno para aumentar a eficiência operacional, a essência de tudo isso é resolver problemas.

Adotar uma mentalidade de resolução de problemas, assim como um programador, pode te ajudar a ver as coisas de uma nova perspectiva. Isso pode abrir novas oportunidades, permitir que você se torne mais eficiente e, em última análise, impulsionar o sucesso em um mundo cada vez mais digital.

Com uma compreensão clara da mentalidade do programador, você está agora mais bem equipado para começar a documentar, otimizar e, finalmente, automatizar seus processos.

Um último aviso: otimize os processos antes de automatizá-los. Processos que se apresentam ineficientes quando automatizados vão gerar erros com mais rapidez!

3. Mentalidade de marketing: O contador de histórias

Quando explico sobre a habilidade de contar histórias, surgem muitas dúvidas, e as duas principais são: o que isso tem a ver com o digital e por que precisarei disso fora da área de comunicação?

Com a rápida evolução da tecnologia em diversos setores, torna-se cada vez mais difícil compreender e transmitir conceitos. Assim, a maneira mais eficiente de compartilhar o conhecimento tecnológico é por meio de histórias, e é por isso que essa habilidade é tão importante na cultura digital.

Pelo mesmo motivo, dentro das empresas, muitas vezes nos encontramos em uma posição técnica e precisando vender um dos nossos projetos para superiores ou clientes. Como fazer isso quando seu chefe ou seu cliente não tem a mesma compreensão da parte tecnológica que você? Isso mesmo, conte uma história!

Contar histórias é uma das maneiras mais eficientes de ensinar, vender ou simplesmente se aproximar de outras pessoas. Todos adoram um bom contador de histórias (desde que o intuito não seja contar vantagem pessoal ou provocar constrangimento).

É possível aprender a contar boas histórias de diversas maneiras. Você pode estudar sobre escrita criativa e técnicas de roteiro, ler livros sobre criação de histórias em jogos de RPG (Role Playing Game, um jogo de interpretação de papéis) ou ainda aprender sobre estruturas de histórias, como a jornada do herói.

Jornada do herói

A jornada do herói é uma estrutura narrativa que foi proposta por Joseph Campbell em "O Herói de Mil Faces" e, mais tarde, adaptada por Christopher Vogler em "A Jornada do Escritor".

Ela se desdobra em doze etapas distintas:

1. Mundo comum.
2. Chamado à aventura.
3. Recusa do chamado.
4. Encontro com o mentor.
5. Travessia do primeiro limiar.
6. Provas, aliados e inimigos.
7. Aproximação da caverna secreta.
8. Provação.
9. Recompensa.
10. Caminho de volta.
11. Ressurreição.
12. Retorno com o elixir.

Com certeza muitos livros e filmes que você conhece usam essa estrutura, mas você já reparou que alguns vídeos comerciais também funcionam assim?

Vamos considerar um anúncio de um produto como a Airfryer (fritadeira sem óleo) para exemplificar.

1. **Mundo comum**: Uma pessoa tenta manter uma dieta balanceada, mas luta com a tentação de comidas gordurosas.
2. **Chamado à aventura**: Um comercial propõe uma forma revolucionária de cozinhar alimentos de maneira mais saudável.

3. **Recusa do chamado**: Inicialmente, a pessoa é cética e relutante em mudar sua rotina alimentar.

4. **Encontro com o mentor**: Um amigo próximo compartilha como sua vida mudou para melhor com a Airfryer.

5. **Travessia do primeiro limiar**: A pessoa prova a comida feita na Airfryer do amigo e fica surpresa com o sabor.

6. **Provas, aliados e inimigos**: Ela pesa os prós e contras de adquirir uma Airfryer (preço, garantia, durabilidade etc.).

7. **Aproximação da caverna secreta**: Ela se rende à ideia e compra uma Airfryer.

8. **Provação**: Ela usa a Airfryer pela primeira vez sozinha.

9. **Recompensa**: A comida fica maravilhosa e a experiência é positiva.

10. **Caminho de volta**: Ela se permite experimentar todas as comidas que ama, mas agora preparadas de maneira mais saudável.

11. **Ressurreição**: Ela começa a ver melhorias em sua saúde.

12. **Retorno com o elixir**: Ela agora leva uma vida feliz e saudável, graças à Airfryer.

A jornada do herói oferece um modelo que pode ser usado para transformar até o projeto mais técnico e complexo em uma história compreensível. Imagine poder apresentar seus projetos de forma que mostre a transformação positiva que trarão para a vida de clientes ou funcionários. Essa abordagem narrativa com certeza terá um impacto mais significativo do que apenas gráficos e planilhas. Lembre-se, um bom contador de histórias é capaz de transformar até a informação mais complexa em algo envolvente e compreensível.

Compreensão do público-alvo

Nenhuma história, por mais bem contada que seja, terá impacto se não for relevante para a audiência que a ouve. Aqui entra a compreensão do público-alvo. Quanto mais você souber sobre as necessidades, desejos, comportamentos e características do seu público-alvo, mais eficazes serão as suas histórias.

E por que isso é relevante para pessoas de negócios que buscam compreender a transformação digital? A resposta é simples: no mundo digital, o conhecimento sobre o público-alvo é mais acessível do que nunca.

No passado, compreender um público-alvo era uma tarefa complexa, que envolvia uma cara pesquisa de mercado, estudos demorados e muita suposição. Hoje, graças ao digital, as empresas têm acesso a uma quantidade enorme de dados sobre os seus clientes.

A partir de ferramentas de análise de sites, redes sociais, e-mail marketing e muitas outras, as empresas podem obter informações detalhadas sobre o comportamento do consumidor. Esses dados permitem entender os interesses dos usuários, o que eles gostam e não gostam, quais páginas visitam, quanto tempo passam nestas e muitas outras informações.

Essa riqueza de dados permite que as empresas criem perfis detalhados do público-alvo e forneçam conteúdo, produtos e serviços que correspondem exatamente às suas necessidades e desejos. Isso significa que as histórias que contamos podem ser personalizadas para atrair e engajar esses públicos de forma mais efetiva.

Por exemplo, se você está lançando um novo software para gerenciamento de projetos, não será suficiente apenas contar uma história sobre como ele facilita gerenciamento de projetos. É necessário entender quem são as pessoas que o usarão, quais problemas específicos enfrentam em projetos e como o software pode solucionar esses problemas.

Se o público-alvo for formado por gerentes de projeto que têm dificuldade em coordenar equipes remotas, a história deve mostrar como o software facilita essa coordenação. Se o público-alvo luta para manter os projetos dentro do prazo, a história deve focar como o software ajuda a monitorar os prazos e manter a equipe no caminho certo.

A compreensão do público-alvo é um elemento-chave para a transformação digital e desenvolvimento de negócios digitais. Ao compreender quem são seus clientes e quais são suas necessidades, desejos e comportamentos, você pode criar produtos, serviços e histórias que os engajem em um nível mais profundo.

Adotar uma mentalidade de marketing não significa apenas se tornar um bom contador de histórias, mas também um bom ouvinte de histórias. É prestar atenção no que os seus clientes estão dizendo (ou não dizendo) e usar essa informação para criar experiências que atendam às suas necessidades. Neste mundo cada vez mais digital, aqueles que conseguem contar as melhores histórias e compreender as histórias de seus clientes terão uma enorme vantagem competitiva.

4. Mentalidade de dados: A tomada de decisão

Vivemos em um paradoxo: a grande vantagem do mundo digital é que tudo pode ser medido; o grande problema é que... tudo pode ser medido!

Esse excesso de dados pode ser confuso e intimidante, mas a chave para a sabedoria é saber selecionar as métricas que realmente importam para entender uma situação.

Ao coletar dados indiscriminadamente, corremos o risco de negligenciar informações importantes, acabando com um volume imenso de dados inúteis. Além do custo de armazenamento e transmissão, esses dados desnecessários complicam a tarefa de encontrar e utilizar aquilo que realmente precisamos.

Nossa primeira tarefa, então, é definir o que queremos decidir com essas informações, organizando os dados para apoiar nossa tomada de decisões. Porém, é crucial evitar uma armadilha comum: não devemos nos encantar tanto com a organização dos dados a ponto de permitir que eles tomem decisões por nós.

Para ilustrar isso, vamos considerar o aplicativo Waze. Este aplicativo de rotas de navegação para veículos foi um grande sucesso, pois não apenas traça a rota, mas também escolhe o caminho mais rápido, utilizando informações em tempo real de outros usuários do Waze. Parece perfeito, certo?

No entanto, nem sempre é tão simples. A cidade é uma entidade dinâmica e muitas rotas surgem e desaparecem ao longo do tempo, e o Waze nem sempre está 100% atualizado. Outras variáveis, como segurança pública e pequenas alterações de rota para economizar um minuto ou dois, também podem complicar as coisas.

O Waze permite ao usuário escolher entre diferentes rotas e, se necessário, ignorar a rota sugerida para que o aplicativo recalcule a trajetória. Porém, muitos usuários aceitam a primeira opção sugerida sem questionar e depois reclamam que o aplicativo os levou por um caminho estranho ou mais longo.

Nesses casos, vale lembrar que o motorista ainda está no controle e o caminho foi seguido apenas porque a sugestão do Waze foi aceita sem questionar.

Usar ferramentas digitais para nos auxiliar no dia a dia é fundamental para mantermos nossa competitividade, mas devemos lembrar que a tomada de decisão não pode ser completamente delegada a essas ferramentas.

A mentalidade de dados é crucial: precisamos aprender a tomar decisões baseadas em dados e, para isso, é necessário um conhecimento básico de como os algoritmos funcionam.

A analogia da receita culinária

A especialista em dados Cassie Kozyrkov criou uma analogia perfeita que adotei para todas as minhas aulas sobre dados: imagine que os dados são como ingredientes em uma receita culinária.

Assim como na culinária, a qualidade dos ingredientes (os dados) influencia significativamente a qualidade do prato final (os resultados da análise).

Para preparar uma receita, precisamos saber quais ingredientes usar e como combiná-los. Da mesma forma, os modelos de dados são como receitas. Quando sabemos como analisar os dados para obter um resultado específico, temos um modelo ou, em outras palavras, uma receita.

Os eletrodomésticos, como o liquidificador ou o micro-ondas, são equivalentes aos algoritmos. Não precisamos entender perfeitamente como eles funcionam para usá-los, mas é fundamental entender o que fazem, ou seja, como organizam os dados.

Assim como na cozinha, se tivermos ingredientes de qualidade, uma boa receita, equipamentos adequados e, o mais importante, um bom cozinheiro, teremos um prato delicioso para saborear.

Na análise de dados, se tivermos dados de qualidade, um bom modelo, algoritmos adequados e, o mais importante, um bom analista ou cientista de dados, obteremos uma análise ou previsão valiosa para nosso negócio. Por isso, é crucial desenvolver uma mentalidade de dados para navegar de forma eficiente neste mundo cada vez mais digital.

Tomada de decisão orientada por dados

O conceito de tomada de decisão orientada por dados é mais do que apenas uma frase da moda no mundo dos negócios. É uma mentalidade que, quando implementada corretamente, pode resultar em uma eficiência incrível e grande vantagem competitiva.

No entanto, como destacado anteriormente, a tomada de decisão orientada por dados não é tão simples quanto parece. Requer uma compreensão adequada do contexto dos dados, do funcionamento dos algoritmos e da lógica por trás das decisões que os dados estão apoiando.

Em primeiro lugar, a qualidade dos dados é essencial. Dados imprecisos, irrelevantes ou desatualizados podem levar a decisões ruins, por mais sofisticado que seja o algoritmo de análise. Portanto, é necessário investir em coleta, limpeza e gerenciamento de dados eficientes.

Em segundo lugar, os algoritmos devem ser adequados ao propósito. Diferentes algoritmos têm diferentes pontos fortes e limitações, e entender essas diferenças é essencial para selecionar o algoritmo mais adequado para cada situação.

Por fim, os dados e os algoritmos são apenas ferramentas para auxiliar a tomada de decisão. O elemento humano — o analista ou o tomador de decisões — ainda é necessário para interpretar os resultados e tomar a decisão final. O tomador de decisão precisa ter a capacidade de questionar os resultados, ponderar fatores não quantificáveis e levar em consideração o contexto mais amplo.

A tomada de decisão orientada por dados não é um substituto para o julgamento humano, mas sim uma ferramenta que amplia a capacidade humana de tomar decisões informadas. Os dados podem revelar padrões e tendências que são difíceis de ver a olho nu, e os algoritmos podem analisar grandes volumes de informações com muito mais rapidez do que um humano poderia fazer.

No entanto, a interpretação dos resultados e a aplicação destes na tomada de decisões ainda requerem a perspicácia humana. Afinal, são os humanos que compreendem os diferentes contextos em que as decisões são tomadas e são capazes de avaliar criticamente as implicações dessas decisões.

Portanto, desenvolver uma mentalidade de dados não é apenas sobre aprender a usar ferramentas e algoritmos, mas também sobre desenvolver pensamento crítico e conectar diferentes contextos na tomada de decisões.

Com essa mentalidade, você estará equipado para navegar pelo mundo digital e tomar decisões mais informadas, eficientes e eficazes, seja em sua vida pessoal, seja em sua vida profissional.

CULTURA DIGITAL

A transformação digital é mais do que estar conectado ou usar tecnologias, é uma mudança na forma de nos relacionarmos como sociedade, é uma transformação cultural.

Um exemplo marcante é a indústria da música. As plataformas de streaming mudaram a forma como consumimos música. Deixamos de comprar álbuns físicos para acessar catálogos inteiros de músicas em nossos dispositivos digitais, pagando uma taxa mensal. Isso forçou uma reinvenção radical no modelo de negócios da indústria, com implicações no modo como a música é produzida, distribuída e monetizada.

A cultura digital é uma mudança irreversível da sociedade, uma revolução que introduziu hábitos nos consumidores e forçou o mercado a se reorganizar por meio de novos modelos de negócios.

Essas mudanças podem ser organizadas em cinco pilares:

1. **Do lucro ao propósito**: É a mudança de uma visão estritamente financeira para uma que valoriza a contribuição para a sociedade e o alinhamento com valores éticos e sustentáveis.

2. **Da hierarquia para as redes**: Este pilar fala sobre a transição de estruturas organizacionais rígidas para formas de trabalho mais colaborativas e descentralizadas.

3. **Do controle ao empoderamento**: Aqui, discutimos a transição do microgerenciamento para uma cultura de confiança e autonomia, em que os colaboradores têm mais liberdade para inovar e tomar decisões.

4. **Do planejamento para a experimentação**: Este pilar é sobre a mudança da dependência de planos detalhados e de longo prazo para uma abordagem mais ágil que valoriza a experimentação e a aprendizagem rápida.

5. **Da privacidade para a transparência**: O último pilar trata da mudança da manutenção de informações em silos fechados para uma cultura de abertura e compartilhamento de informações, enquanto ainda se respeita a privacidade e a segurança dos dados.

Vamos explorar cada um desses pilares a seguir.

1. Lucro para Propósito

A evolução tecnológica não só democratizou o acesso a diversas indústrias, mas também intensificou a competitividade. Em um mercado saturado de opções semelhantes, o consumidor moderno, armado com informação à ponta dos dedos, passou a olhar além dos produtos e serviços. A busca deixou de ser somente por utilidade e qualidade para abranger algo mais profundo: o propósito.

Propósito é o "porquê" da existência de uma empresa além de gerar lucro. É uma causa maior, uma razão que alinha as ações da empresa a um objetivo que ressoa com os valores e aspirações tanto dos consumidores quanto dos funcionários.

Essa fatia de consumidores e funcionários conscientes está em constante crescimento. Empresas que incorporam um propósito autêntico e claro em seu núcleo veem uma transformação em sua comunicação e relacionamento com os consumidores. Um propósito bem-definido age como um ímã, atraindo consumidores que se identificam e desejam apoiar a causa.

A mudança do lucro para o propósito, entretanto, não implica na renúncia ao lucro. Na realidade, é um redirecionamento. O caminho para a lucratividade passa a ocorrer por meio da construção de um relacionamento duradouro e significativo com os consumidores e a comunidade, criado pelo propósito.

Da mesma forma, para os funcionários, principalmente aqueles em níveis hierárquicos em que o salário já satisfaz as necessidades básicas, o propósito de uma empresa pode ser o diferencial que os atrai. Encontrar realização pessoal trabalhando em uma organização que compartilha dos mesmos ideais se tornou uma prioridade.

Entretanto, a transição do lucro para o propósito não é uma estrada sem obstáculos. Nem todas as empresas conseguem incorporar um propósito de forma eficaz. Algumas tropeçam na armadilha de um descompasso entre a mensagem que comunicam e as ações que realizam.

Propósito não é uma frase de efeito para ser usada apenas em campanhas de marketing, mas sim um norte que orienta todas as decisões e práticas comerciais.

Para finalizar essa reflexão, deixo o convite: qual é o propósito da sua empresa? Como ele é traduzido em suas ações cotidianas? E, enquanto consumidor, você considera o propósito de uma empresa ao escolher como gastar o seu dinheiro?

Responder a essas questões pode nos fornecer uma nova perspectiva sobre a forma como conduzimos negócios na era digital.

2. Hierarquia para Redes

Antes da internet, vivíamos na era do broadcast, caracterizada por um ambiente em que poucos grupos de comunicação detinham o monopólio da informação.

Esses conglomerados, proprietários de rádio, TV, jornais e revistas, dominavam o fluxo de mensagens na sociedade. Essa configuração ditava a distribuição e o consumo da informação, com poucos emissores e uma imensa maioria de receptores passivos.

A transição do broadcast para a era das redes deve-se a uma série de fatores.

1. Os avanços tecnológicos permitiram a criação e o crescimento da internet, uma plataforma globalmente acessível para a troca de informações.

2. A democratização dos dispositivos de acesso à internet, como os computadores pessoais e mais tarde os smartphones, ampliou significativamente o número de pessoas conectadas.

3. O surgimento das redes sociais desempenhou um papel crucial ao possibilitar e incentivar a participação ativa dos usuários no compartilhamento e na criação de conteúdo.

Neste período, o papel do indivíduo na disseminação de informações mudou radicalmente. Durante a era do broadcast, as discussões eram limitadas ao seu círculo social imediato: em casa, no trabalho ou na escola. O alcance individual e o poder do boca a boca eram muito restritos, confinados a comunidades pequenas e geograficamente limitadas.

Com a chegada da internet, das redes sociais e dos smartphones, entramos na era das redes. Agora, cada indivíduo tem o potencial de falar e ser ouvido por qualquer pessoa no mundo, tornando-se tanto receptor quanto emissor de informação.

Esse poder de expressão e alcance, entretanto, é limitado pelos algoritmos das redes sociais, que determinam a visibilidade das mensagens. Esse novo cenário modificou drasticamente a forma como a informação é produzida, compartilhada e consumida, com reverberações profundas em todos os aspectos da sociedade.

Como funcionam os algoritmos de redes sociais?

A história dos algoritmos das redes sociais começa com o surgimento das grandes redes globais, como o Facebook, por volta do ano 2010. Algumas empresas chegaram a deletar seus sites e focar seus esforços de comunicação em perfis de redes sociais com a promessa de que poderiam falar com todos os seus seguidores, aumentando assim o alcance da sua marca.

Essa promessa, no entanto, era impossível de cumprir por um problema econômico fundamental: existe mais conteúdo sendo produzido nas redes sociais do que tempo disponível para as pessoas consumirem esses conteúdos. Assim, as plataformas de redes sociais criaram algoritmos para filtrar e selecionar os conteúdos que cada usuário vê.

Um algoritmo é uma sequência finita de ações executáveis que visam obter uma solução para um determinado tipo de problema. Em termos de redes sociais, o algoritmo se tornou sinônimo de como as redes organizam seus conteúdos, decidindo o que os usuários veem, quando e por quê.

Entretanto, os algoritmos são controversos. Enquanto facilitam a organização e consumo de conteúdos, eles também influenciam fortemente a experiência online dos usuários, muitas vezes restringindo a diversidade de conteúdos vistos e reforçando bolhas de opinião.

Para aqueles que produzem conteúdo, entender esses algoritmos se torna essencial para alcançar o público desejado.

Os algoritmos de redes sociais geralmente selecionam os conteúdos com base em quatro critérios básicos:

1. Selecionar os conteúdos das pessoas, marcas e assuntos (hashtags) que o usuário segue.

2. Ordenar pelos perfis com os quais ele mais interage (lê, assiste, comenta, curte, compartilha).

3. Destacar os formatos que ele mais consome (um seguidor que interage mais com vídeos verá mais vídeos em sua timeline, um seguidor que interage mais com artigos verá mais artigos e assim por diante).

4. Priorizar conteúdos mais recentes ao invés dos mais antigos.

O que são hashtags?

As hashtags foram criadas inicialmente no Twitter com o objetivo de fazer uma marcação (tag) em um conteúdo para encontrá-lo facilmente depois. Usou-se um símbolo até então pouco utilizado, a cerquilha, ou hash em inglês (#).

As hashtags se expandiram para várias outras redes e tornaram-se uma estratégia poderosa para aumentar a visibilidade de um conteúdo. As pessoas, ao pesquisarem hashtags sobre seus assuntos preferidos, encontram também conteúdos produzidos por pessoas que ela não segue. Sendo assim, a hashtag é também um instrumento de propagação de conteúdo nas redes.

É importante, no entanto, usar hashtags de forma estratégica. Hashtags relevantes e específicas ao conteúdo publicado são mais eficazes do que apenas hashtags populares. Embora as populares possam atingir um público maior, as mais específicas e relevantes são mais propensas a atingir um público que está genuinamente interessado no seu conteúdo. Além disso, o uso excessivo de hashtags pode levar a um declínio no engajamento e até mesmo marcar seu conteúdo como spam.

O que fazer para vencer o algoritmo?

Para aumentar a visibilidade dos seus conteúdos nas redes sociais usando os critérios dos algoritmos ao seu favor, use as dicas a seguir.

Interaja com os seus seguidores: O engajamento do usuário é crucial para a visibilidade do seu conteúdo. As redes sociais valorizam a interação entre o usuário e seus seguidores. Quando você responde aos comentários e interage com seus seguidores, os algoritmos interpretam isso como um conteúdo de alta relevância e, assim, aumentam sua visibilidade.

Além disso, incentivar seus seguidores a interagir com seus posts, seja por meio de perguntas, seja por meio de enquetes, seja por meio de pedidos de compartilhamento, também pode aumentar o engajamento e a visibilidade do seu conteúdo.

Use hashtags populares, relevantes e específicas: Ao usar hashtags, é importante considerar tanto a popularidade quanto a relevância e especificidade. As hashtags populares podem ajudá-lo a alcançar um público maior, enquanto as relevantes e específicas podem ajudá-lo a alcançar um público mais direcionado e engajado.

Publique com frequência e em diferentes formatos: Publicar conteúdo novo regularmente e experimentar diferentes formatos pode aumentar a visibilidade do seu conteúdo. Seus seguidores podem ter preferências diferentes para formatos de conteúdo, portanto, experimentar diferentes formatos pode ajudá-lo a alcançar uma gama maior de seguidores.

Use chamadas e imagens que capturem a atenção: Atraia a atenção dos usuários com chamadas e imagens interessantes. Isso pode incentivar os usuários a pararem e interagirem com o seu conteúdo, aumentando assim a visibilidade do seu post.

Experimente diferentes horários: O horário de publicação do seu conteúdo pode afetar sua visibilidade. Experimente diferentes horários para encontrar quando a maioria dos seus seguidores está online e mais propensa a ver e interagir com o seu conteúdo.

Finalmente, mantenha a autenticidade e a relevância do seu conteúdo. Os usuários e os algoritmos das redes sociais podem detectar conteúdo spam e irrelevante. Portanto, certifique-se de que seu conteúdo seja genuíno, interessante e relevante para seus seguidores.

A era das redes nas empresas

Assim como a comunicação mudou no dia a dia, também mudou nas empresas. Todos os funcionários possuem os contatos uns dos outros e, muitas vezes, se seguem nas redes sociais. Com isso, as conversas diretas entre indivíduos da mesma empresa, sem considerar a hierarquia dos cargos, tornou-se cada vez mais comum.

Com essas mudanças começamos a ter empresas mais horizontalizadas, ao invés de empresas com hierarquia mais rígida.

Em uma sociedade mais bem informada, com acesso a qualquer tipo de conteúdo a um clique de distância, a qualidade da informação vinda de qualquer nível hierárquico tornou-se mais importante e valiosa para a empresa, estimulando líderes que sabem ouvir ao invés de apenas dar ordens.

Nas instituições mais horizontalizadas temos menos níveis hierárquicos e uma troca maior entre líderes e liderados, além de mais trocas de informação entre pares.

O trabalho remoto

Novas ferramentas de comunicação tornaram mais viáveis uma nova modalidade de contratação: o home office, ou trabalho remoto. Neste contexto, a cultura do trabalho está sendo redefinida.

Se antes a interação presencial era essencial, agora, a eficiência e a produtividade são mais valorizadas, independentemente da localização física do funcionário.

Se todos os funcionários conseguem se comunicar livremente pelo ambiente digital, então por que mantê-los no mesmo local físico?

Do lado da empresa, o trabalho remoto traz vantagens como a possibilidade de contratar talentos em qualquer lugar do mundo e diminuir os custos com a sede física. Além disso, a flexibilidade proporcionada pelo trabalho remoto pode aumentar a satisfação e a produtividade dos funcionários.

Do lado do funcionário, a possibilidade de economizar no tempo de deslocamento e vestuário, além de organizar seus próprios horários de trabalho, fazem dessa a modalidade preferida de muitos profissionais que já abraçaram a cultura digital.

Gerenciamento de equipes remotas

Para dar certo do lado das empresas, é importante saber avaliar o trabalho do profissional por sua entrega e não pela quantidade de horas. Além do controle de horas ser bastante complexo, ele é irrelevante. Se o valor gerado pelo funcionário está no produto ou serviço que ele entrega, então por que medir as horas?

O hábito de medir por horas vem da era industrial, na qual a produtividade de cada funcionário dependia das horas em que ele estava presente e atuando na linha de produção. No escritório, muitas vezes estar sentado na frente do computador não significa que o profissional está produzindo, já que a maior parte do trabalho é mental.

Em vez de microgerenciar, é vital que o gestor se concentre em resultados. Como a supervisão física direta não é viável, é importante definir metas claras e mensuráveis. O acompanhamento desses objetivos ajudará a identificar e resolver problemas rapidamente, sem a necessidade de supervisão constante.

Uma das principais habilidades de um gestor remoto é saber lidar com a diversidade. Com a possibilidade de ter membros da equipe espalhados pelo mundo, os líderes precisam aprender a lidar com diferentes fusos horários, culturas e estilos de trabalho.

Além disso, manter os membros da equipe engajados e motivados é um desafio adicional na gestão remota. Promover interações sociais, mesmo que virtuais, pode ajudar a mitigar o isolamento que o trabalho remoto pode causar.

Outro elemento importante é o investimento em ferramentas e recursos que facilitam o trabalho remoto. Isso inclui softwares de colaboração, plataformas de reuniões virtuais e sistemas de gestão de projetos.

Do lado dos funcionários, é muito importante desenvolver a habilidade de conversar de forma assíncrona. Já que nem sempre seu interlocutor estará disponível para respondê-lo ao vivo.

O que são conversas assíncronas?

Quando você emite uma mensagem e não sabe em que dia ou hora o seu interlocutor vai ler e responder, estamos falando de comunicação assíncrona.

Isso se torna especialmente importante em um ambiente de trabalho remoto, no qual equipes podem estar espalhadas por vários fusos horários e nem sempre conseguirem se comunicar em tempo real.

A comunicação assíncrona pode, portanto, melhorar a eficiência da comunicação, permitindo que cada pessoa responda em seu próprio ritmo, sem interromper seu fluxo de trabalho.

Antes da internet, a carta era um exemplo comum de comunicação assíncrona. Uma resposta poderia demorar semanas, então tentávamos transmitir nossa mensagem com o máximo de clareza e detalhes, já que o destinatário não poderia tirar suas dúvidas imediatamente com o remetente.

Com a internet, esse tipo de comunicação se popularizou. Basicamente toda a comunicação da internet pode ser feita de forma assíncrona: e-mails, redes sociais, WhatsApp, entre outros.

Muitas pessoas usam a internet como se fosse um telefone: enviam um "oi tudo bem?" e esperam que a outra pessoa responda, para só então contar o assunto da conversa. Quando o outro não está online para responder imediatamente, o resultado é que a conversa demora muito mais tempo para terminar.

Na comunicação online, não sabemos se a outra pessoa responderá imediatamente. Ela pode estar em um compromisso, concentrada em algum projeto, com algum problema pessoal ou ainda em outro fuso horário.

Para nos comunicarmos de forma mais assertiva no ambiente online, temos de praticar conversas assíncronas. É importante enviar o máximo de informações para que o destinatário tenha tudo o que precisa para nos responder sem fazer um monte de perguntas.

Como implantar conversas assíncronas?
Seja direto: Comece a mensagem dizendo que você quer. Pode colocar um "oi tudo bem"? ou perguntar da família, mas não espere resposta para começar a falar.

Defina prazos: Deixe claro para "quando" você precisa da resposta.

Defina objetivos: Explique por que você precisa daquela informação, dependendo do objetivo seu destinatário pode lhe dar respostas diferentes.

Adiante o máximo de informação sobre o problema: Não espere a outra pessoa lhe pedir mais detalhes, envie todos os detalhes que considerar relevantes!

Compartilhe possíveis soluções com os prós e contras de cada opção: Se você já analisou uma situação e está pedindo ajuda para decidir, compartilhe o que já encontrou. Assim a pessoa do outro lado pode continuar o raciocínio a partir do ponto em que você parou.

Alinhe as expectativas: Deixe claro o que você espera da outra pessoa e qual o motivo de estar escrevendo para ela. Talvez ela não seja a melhor pessoa para lhe responder e, nesse caso, pode repassar para alguém que possa atender suas expectativas.

Tenha um roteiro ou checklist pronto para enviar: Conforme você vai organizando seus projetos e tarefas diárias, é possível montar checklists de comunicação. Por exemplo, "informações necessárias para começar um projeto", "dados necessários para criar um contrato", entre outros. Assim você não se esquece de perguntar nada quando escrever uma mensagem.

3. Controle para Empoderamento

Empoderamento é a "ação de se tornar poderoso, de passar a possuir poder, autoridade e domínio sobre". O conceito pode variar dependendo do contexto — seja ele pessoal, seja profissional, seja acadêmico — e é influenciado por uma série de fatores sociais, econômicos e culturais.

Em sua essência, empoderamento é "passar a ter domínio sobre a sua própria vida; ser capaz de tomar decisões sobre o que lhe diz respeito".

As ferramentas digitais modernas exercem um papel fundamental nesse empoderamento. Com um simples smartphone na mão, um usuário tem poder de executar dúzias de tarefas que antigamente eram feitas por diversos eletrônicos separados ou nem sequer existiam.

A era digital, a partir do conhecimento distribuído na internet, proporcionou mais controle sobre as próprias vidas aos indivíduos, empoderando-os e, ao mesmo tempo, removendo parte do controle das instituições.

No âmbito educacional, por exemplo, um jovem aluno com acesso à internet pode pesquisar no seu celular mais conhecimento do que seu professor é capaz de transmitir. Nesse cenário, o controle absoluto sobre o aprendizado dos alunos deixa de existir, dando lugar a um novo papel para o educador. O professor passa de uma fonte de conhecimento para um mentor que mostra o caminho.

No entanto, embora o empoderamento tenha muitos benefícios, também pode trazer alguns desafios. Sem a devida orientação e supervisão, pode ocorrer a dispersão de foco, má utilização de recursos e tomadas de decisão equivocadas. Portanto, o papel do professor se torna ainda mais crucial, exercendo uma liderança mais voltada para o ensino do pensamento crítico, do discernimento entre fontes de informação confiáveis e não confiáveis, do incentivo à busca autônoma de conhecimento.

No mundo empresarial, o controle rígido sobre a forma como cada tarefa é executada torna-se menos necessário. Ao invés disso, o foco passa a ser o empoderamento dos funcionários, permitindo que busquem as respostas e tomem decisões.

Contudo, essa autonomia não significa ausência de gestão. Uma liderança eficaz em um ambiente empoderado envolve fornecer diretrizes claras e criar um ambiente seguro para experimentação e falhas, além de incentivar a responsabilidade individual e coletiva.

O equilíbrio entre dar autonomia aos funcionários e manter um nível de controle que garanta a produtividade e qualidade não é uma tarefa simples. Exige confiança e, acima de tudo, uma comunicação efetiva. A empresa mantém algum tipo de controle por meio de métricas, supervisionando o progresso de forma adequada, enquanto os funcionários sentem-se empoderados em suas tarefas.

No mundo dos negócios, exemplos de empresas que empoderam profissionais, como Airbnb, são cada vez mais comuns. O Airbnb não é proprietário dos espaços que aluga, mas empodera os anfitriões (hosts) a oferecer a melhor hospitalidade possível. O controle que o Airbnb exerce é mínimo, atuando mais como mediador do que controlador.

Entretanto, o empoderamento não está isento de responsabilidade. Ao passar o controle para os indivíduos, é necessário que eles usem esse poder de maneira consciente e responsável.

Na história do Airbnb, Chip Conley, um ex-proprietário de uma rede de hotéis, foi escolhido para ensinar sobre hospitalidade aos anfitriões que alugam seus imóveis na plataforma. Chip menciona em seu livro, *Wisdom At Work*, que, para colaborar com um negócio digital, teve que questionar, aprender e adaptar-se a uma nova realidade, mostrando que a humildade e a disposição para aprender são características essenciais para quem quer se empoderar na era digital.

A tecnologia tem possibilitado o surgimento de novos modelos de negócios que se baseiam em empoderar profissionais autônomos. Motoristas, entregadores e outros profissionais que antes dependiam de intermediários agora podem prestar serviços diretamente ao consumidor final.

Essa mudança traz consigo o desafio da responsabilidade. A internet deu poder aos indivíduos e eles precisam aprender a ser responsáveis com esses poderes.

As empresas, por sua vez, continuam a gerenciar seus resultados e equipes por meio de métricas qualitativas, procurando sempre manter um equilíbrio entre controle e empoderamento.

Na maioria dos casos, a resposta para um resultado não satisfatório passa pela implementação de mais empoderamento e responsabilidade, mais do que pela imposição de mais controle.

4. Planejamento para Experimentação

Planejar é um elemento fundamental para qualquer empresa, mas, no mundo digital, o conceito de planejamento sofreu uma reconfiguração. Mais do que simplesmente traçar um caminho a ser seguido, o planejamento tornou-se um processo dinâmico, capaz de lidar com mudanças rápidas e incertas.

O mercado digital é caracterizado pela sua volatilidade e instabilidade, e as empresas que se destacam são aquelas que estão preparadas para lidar com a incerteza e que são capazes de se adaptar rapidamente às mudanças.

Esse novo ambiente digital necessita de um planejamento flexível, ágil e robusto. Um bom exemplo disso são os métodos ágeis, amplamente adotados em projetos de software, que enfatizam a flexibilidade e a adaptabilidade em vez de seguir rigidamente um plano definido. Esse tipo de planejamento permite que as empresas aproveitem as oportunidades conforme elas surgem e se ajustem rapidamente a situações imprevistas.

Mundo VUCA e mundo BANI

Os termos "mundo VUCA" e "mundo BANI" descrevem a natureza complexa e incerta do ambiente atual. O termo VUCA — um acrônimo para Volátil, Incerto, Complexo e Ambíguo — foi criado nos anos 1980 por instituições militares e ganhou popularidade nos negócios na década de 2000. Ele representa um mundo onde múltiplas forças complexas estão em ação, transformando a sociedade de maneiras inesperadas.

No entanto, o termo BANI — que significa Brittle (Frágil), Anxious (Ansioso), Nonlinear (Não linear) e Incomprehensible (Incompreensível) — captura de forma mais precisa o mundo atual. Esse conceito foi criado em 2018, pouco antes da pandemia de COVID-19, que acelerou a transformação digital e acentuou a volatilidade e a incerteza do ambiente de negócios.

As evidências que passamos de mundo VUCA para o BANI estão entre nós, então vamos desmembrar os pilares desse novo conceito e entender como ele chegou de uma forma tão rápida.

Frágil

Um vírus coloca o mundo inteiro em quarentena, uma falha em um sistema fecha uma loja, um passo em falso de um executivo derruba a empresa na bolsa, uma praga destrói uma plantação, a queda de uma estação elétrica deixa um estado sem energia, uma tecnologia nova provoca a demissão de milhões de pessoas.

Ansioso

Se uma escolha pode destruir algo, como não ficar ansioso?

Com tantas tragédias acontecendo, ler as notícias pode ser angustiante. Muitos de nós decidimos então nos isolar, ou não lendo notícias ou ficando em uma bolha na qual criamos a falsa ilusão de que temos controle sobre as coisas.

Crise de ansiedade, depressão, burnout e outras doenças mentais são cada vez mais comuns em um mundo onde as notificações não param.

Não linear

Várias ações estão em curso simultaneamente, é um mundo não linear, nós não temos controle. É difícil ver as conexões entre diferentes coisas ou sacar que outros projetos e processos acontecem paralelamente ao nosso redor.

Além disso, a causa e o efeito às vezes são tão distantes que demoramos meses ou anos para ver o resultado. Não adianta ficar ansioso.

O sistema implantado hoje só traz resultados daqui a alguns meses, a economia de dinheiro só te deixará milionário anos no futuro, o vírus a que você foi exposto agora só o deixará doente daqui a alguns dias, o tratamento do esgoto só deixará o rio limpo em algumas décadas, assim como foram décadas de poluição para matar os peixes.

A ideia de uma linha do tempo contínua que podemos planejar, definir metas e esperar resultados claros nunca foi tão utópica.

Incompreensível

Com tantas mudanças e acontecimentos, é fácil perder a conexão com a realidade, mas não são apenas as notícias que dificultam nossa compreensão do mundo.

O avanço tecnológico foi tão profundo em diversas áreas que já não é mais possível entender como as coisas funcionam.

Como o microondas aquece sua comida? Como o celular captura a luz do seu prato de comida e transforma em foto? Como sua foto fica armazenada na nuvem? Como funciona o sistema de resfriamento dos data centers modernos? Como é gerada a energia que os alimentam?

Que programador nunca encontrou um sistema que deixa de funcionar quando você tira um pedaço de código, mesmo que ele pareça inútil? Você deixa ele lá para continuar funcionando, mas está lidando com o incompreensível até mesmo no que deveria ser sua especialidade.

Isso sem falar dos algoritmos de inteligência artificial, ou dos feixes de fótons na computação quântica ou ainda das edições de DNA por meio do CRISPR-CAS.

Como lidar com as mudanças

Ter a clareza de que o mundo VUCA passou para BANI já nos permite reagir de forma diferente ao que acontece.

As soft skills se tornarão cada vez mais importantes e precisamos do apoio das próprias ferramentas tecnológicas incompreensíveis para coletar e organizar dados para nos dar maior compreensão. Programadores e cientistas de dados são cada vez mais imprescindíveis para as organizações.

Em condições de igualdade, não dá pra vencer uma espada com um cajado, as inovações tecnológicas requerem que usemos as mesmas inovações para lidar com a nova sociedade criada pelo avanço tecnológico.

- Para lidar com a fragilidade, precisamos de capacitação e resiliência.

- Para lidar com a ansiedade, precisamos de empatia e cuidar da saúde mental

- Em um mundo não linear, precisamos prestar atenção ao contexto e ser adaptáveis

- Em um mundo incompreensível, precisamos de transparência e intuição.

Testes

Uma das principais formas de praticar a experimentação nas empresas é fazer muitos testes. Quantidade de testes é uma boa métrica de sucesso da inovação.

Testes não se limitam apenas a novos produtos e serviços, mas também incluem diferentes formas de atendimento ao cliente, logística e processos de trabalho internos. No contexto digital, técnicas específicas de teste são amplamente utilizadas para facilitar esse processo de experimentação.

Entre essas técnicas, encontramos:

- **Prototipagem rápida:** Possibilita às empresas criar um modelo funcional de um produto ou conceito em um curto período de tempo, permitindo testes e ajustes rápidos.

- **Testes A/B ou Split Testing:** São muito comuns em marketing digital e envolvem a comparação de duas ou mais versões de uma página da web, anúncio ou interface de um aplicativo para ver qual deles desempenha melhor.

- **Análise de dados:** É fundamental em um ambiente cada vez mais guiado por dados e permite que as empresas acompanhem e avaliem o desempenho de suas experimentações de forma quantitativa e qualitativa.

Se você não está testando, não está descobrindo as melhores formas de fazer o seu trabalho e não está inovando, corre o risco de ser ultrapassado por outras empresas que experimentam o tempo todo. O custo de não fazer é maior do que o custo de errar. Não fazer testes significa perder clientes, perder receita, ter prejuízo e até falir.

A história está cheia de exemplos de empresas que falharam por não adotar uma estratégia de experimentação e inovação. Gigantes do passado como Kodak e Blockbuster desapareceram porque não souberam se adaptar às mudanças do ambiente digital. A Kodak, por exemplo, foi uma das empresas líderes no mercado de fotografia, mas falhou ao não se adaptar à ascensão da fotografia digital. Da mesma forma, a Blockbuster não conseguiu competir com serviços de streaming digital como a Netflix.

No ambiente digital, existem diversas formas de testes que podem ser realizados. Testes de usabilidade, por exemplo, avaliam a facilidade de uso de um produto digital, enquanto os testes de conceito examinam a viabilidade de uma ideia de produto ou serviço. Já os testes de mercado avaliam a receptividade do público a um novo produto ou serviço.

Se o seu produto é digital, os testes acontecem diretamente no site ou aplicativo da marca, sem a necessidade de produção física ou logística complexa. No caso de produtos ou serviços físicos, é possível testar conceitos por meio de vídeos ou experiências de realidade virtual ou aumentada, por exemplo.

A falha, embora possa parecer contraproducente, é uma parte crucial do processo de experimentação. É a partir dela que as empresas descobrem o que não funciona, ganhando insights valiosos que as conduzem a soluções mais eficazes e inovadoras. Empresas de sucesso, como Amazon e Google, entendem que falhar é uma parte vital do processo de inovação, vendo em cada falha uma oportunidade de aprendizado e crescimento.

Em resumo, testar é a alma da inovação e o código de sobrevivência da era digital. Para sobreviver e prosperar no ambiente digital volátil e incerto de hoje, as empresas precisam adotar um planejamento ágil, com testes e experimentações constantes. Cada teste, seja ele um sucesso, seja uma falha, é uma oportunidade para aprender e melhorar, ajudando as empresas a descobrir as melhores formas de realizar seu trabalho e entregar valor aos seus clientes.

5. Privacidade para Transparência

A internet mudou para sempre o conceito de privacidade. A facilidade em criar cópias de objetos digitais simplificou o processo de publicar conteúdos e dificultou a exclusão desses mesmos conteúdos, uma vez divulgados em espaços digitais como as redes sociais.

Além disso, as empresas descobriram que, ao analisar os dados de seus clientes e usuários, era possível predizer comportamentos e descobrir preferências. Essas análises começaram a ser utilizadas para segmentar usuários e clientes em audiências com interesses específicos.

Sabendo os interesses de uma audiência, as empresas podem oferecer anúncios segmentados para vender seus produtos e serviços e/ou providenciar melhor atendimento, além de definir o rumo de campanhas de marketing e desenvolvimento de produtos e serviços.

Os setores de publicidade, tecnologia, saúde e finanças têm sido particularmente impactados por mudanças nas normas de privacidade.

- Na **publicidade**, a coleta de dados permite a criação de anúncios altamente personalizados, mas gera preocupações sobre a invasão da privacidade do usuário.

- Na **tecnologia**, os provedores de serviços têm que se equilibrar entre fornecer uma experiência personalizada ao usuário e respeitar sua privacidade.

- No setor de **saúde**, que pode se beneficiar muito da análise de dados, é necessário ser extremamente cauteloso devido à natureza sensível das informações.

- Nas **instituições financeiras**, por sua vez, é necessário proteger dados financeiros altamente sensíveis enquanto se usa as informações para fornecer serviços melhores e mais personalizados.

Grandes empresários, como Mark Zuckerberg, chegaram inclusive a dizer que a privacidade acabou, até que aconteceu o escândalo da Cambridge Analytica.

Cambridge Analytica

A Cambridge Analytica foi uma empresa que adquiriu dados de 87 milhões de usuários do Facebook, que inicialmente haviam sido coletados com propósito acadêmico.

Na época, por volta de 2015, o Facebook permitia que um usuário autorizasse uma empresa a coletar dados dos seus amigos. Cerca de 270 mil pessoas instalaram um aplicativo chamado "This Is Your Digital Life", que se tratava de um quiz de personalidade. Esse aplicativo se conectava ao Facebook e pedia autorização para coletar os dados do perfil do usuário. Ao autorizar, as pessoas estavam autorizando a coleta dos próprios dados e também dos dados de todos os seus amigos, sem que estes soubessem de nada.

Com os dados em mãos, as pessoas foram classificadas em perfis psicológicos e demográficos.

Assim, a Cambridge Analytica oferecia seus serviços a campanhas eleitorais de todo o mundo. A ideia consistia em criar mensagens convencendo as pessoas de que um determinado candidato tinha as mesmas crenças políticas que elas. Usando as segmentações de anúncio oferecidas por mecanismos de busca e redes sociais, é possível enviar mensagens variadas para pessoas diferentes fazendo com que um mesmo candidato agrade os mais variados perfis de eleitores.

Estima-se que a Cambridge Analytica tenha influenciado mais de duzentas eleições em todo o mundo, entre elas a eleição de Donald Trump nos Estados Unidos e o plebiscito para o Reino Unido continuar a participar da União Europeia.

Quando as atividades dessa empresa vazaram, após um ex-funcionário revelar publicamente como eles trabalhavam, diversas investigações ocorreram ao redor do mundo, resultando em um escândalo global que acelerou as conversas sobre privacidade e transparência no uso de dados ao redor do mundo.

Diferentes definições de privacidade e transparência

Existem pelo menos três definições diferentes para os conceitos de privacidade e transparência no mundo.

Estados Unidos

Nos Estados Unidos, as empresas fazem os melhores esforços para proteger os seus dados, mas, uma vez em posse desses dados, elas podem fazer o que quiser desde que você tenha aceito um termo de uso.

A transparência é garantida pelos termos de uso, sem interferência governamental. O problema é que geralmente aceitamos esses termos sem ler ou até sem perceber.

Brasil e Europa

Na Europa temos uma lei chamada GDPR (General Data Protection Regulation), e no Brasil temos outra lei muito parecida chamada LGPD (Lei Geral de Proteção de Dados Pessoais).

Essas leis determinam que a empresa só pode manter em sua posse os dados estritamente necessários para estabelecer uma relação comercial com o detentor dos dados. Qualquer uso adicional precisa de uma autorização explícita que geralmente é concedida por um termo de uso.

A principal diferença é que, se o detentor dos dados se arrepender da permissão concedida, ele pode solicitar a remoção dos seus dados.

A transparência é garantida por lei, além dos termos de uso.

China

Na China, o indivíduo não tem direito a privacidade da forma como estamos acostumados a entender esse conceito. O governo chinês coleta todos os seus dados, inclusive imagens e vídeos obtidos por câmeras de segurança espalhadas pelas grandes cidades. Nestas imagens, você é identificado por algoritmos de inteligência artificial capacitados para reconhecer rostos.

Com base no comportamento e cumprimento das leis, o indivíduo na China tem acesso a determinados benefícios garantidos pelo governo chinês. Os dados coletados e analisados são utilizados nessa avaliação.

A transparência é baseada na crença de que o governo utiliza esses dados de forma a garantir o bem-estar do indivíduo e o progresso da sociedade.

Privacidade e inteligência artificial

A inteligência artificial é uma ferramenta poderosa que, quando aliada à grande quantidade de dados pessoais disponíveis, tem o potencial de revolucionar a forma como vivemos e trabalhamos.

No entanto, o uso de IA também levanta sérias questões de privacidade. Algoritmos de aprendizado de máquina podem analisar conjuntos de dados massivos para revelar padrões e informações que não seriam evidentes a olho nu. Enquanto isso pode levar a avanços em campos como medicina e previsão do tempo, também abre a porta para abusos potenciais de privacidade. Por exemplo, o reconhecimento facial, quando usado de forma irresponsável, pode se tornar uma ferramenta de vigilância invasiva.

LGPD e GDPR

A GPDR europeia e a LGPD brasileira são leis criadas para evitar novos abusos de dados pessoais similares aos que foram revelados pelo escândalo com a Cambridge Analytica.

Ambas as leis exigem que:

- Exista consentimento para tratamentos de dados pessoais com uma determinada finalidade.

- Sejam revelados de forma detalhada quais dados pessoais a empresa mantém em sua posse.

- O titular dos dados seja avisado sobre qualquer vazamento ou exposição.

- O titular dos dados pode solicitar a eliminação dos seus dados a qualquer momento.

Essas leis também definem multas para a violação da privacidade, tornando a transparência obrigatória por lei.

Além da GDPR e da LGPD, existem outras legislações similares sobre dados ao redor do mundo, como:

- CCPA (California Consumer Privacy Act), Estados Unidos (Califórnia).

- PIPEDA (Personal Information Protection and Electronic Documents Act), Canadá.

- APPI (Act on the Protection of Personal Information), Japão.

- PDPA (Personal Data Protection Act), Singapura.

- APPs (Australian Privacy Principles), Austrália.

- DPA (Data Protection Act), Reino Unido.

Transparência como novo normal

Antes as empresas conseguiam controlar as informações que se tornavam públicas a partir de sua assessoria de imprensa. Raros eram os casos em que informações internas vazavam para a mídia e se tornavam escândalos públicos.

Com o avanço tecnológico e a maior disponibilidade de dados, é cada vez mais crucial para as empresas adotarem um código ético rigoroso em relação à privacidade dos dados.

As empresas precisam garantir que o uso de dados para benefício comercial não comprometa o direito à privacidade dos indivíduos. Isso inclui práticas transparentes e responsáveis de coleta e uso de dados, além da implementação de medidas rigorosas de segurança de dados.

Uma conduta ética nessa área não apenas protege os direitos dos consumidores, mas também reforça a reputação da empresa e constrói a confiança do cliente.

Em uma realidade em que todos os funcionários são possíveis pontos de vazamento de informação e possuem instrumentos para gravar, filmar ou fotografar informações internas, é comum ocorrer vazamento de dados.

Para se blindar desses riscos, a empresa deve adotar uma postura de transparência total com seus colaboradores e consumidores. É preciso entender que toda e qualquer informação interna pode se tornar pública, seja por erro, seja por vingança, seja por um sentimento de justiça social.

Antes de tomar qualquer decisão, o empresário da era digital precisa refletir: eu comunicaria essa decisão publicamente em um estádio cheio de pessoas? O alcance das redes sociais na maioria das vezes é maior do que o público de um estádio lotado.

Não se trata de não tomar decisões ou ocultar as decisões, mas decidir tendo em mente que a decisão será pública e conhecida por todos os colaboradores e consumidores.

Além disso, é preciso zelar pelos dados pessoais, garantindo que leis como a LGPD estejam sendo seguidas à risca e a empresa esteja empregando as melhores tecnologias de proteção de dados disponíveis. O vazamento de dados é simultaneamente um risco social para o valor da marca e um risco jurídico em um eventual processo.

Em resposta à crescente demanda por maior privacidade, várias tecnologias emergentes têm o potencial de melhorar a proteção da privacidade dos usuários.

Por exemplo, a tecnologia de blockchain pode oferecer maior transparência e controle sobre os dados pessoais, enquanto a criptografia de ponta a ponta pode melhorar a segurança da comunicação digital.

Essas tecnologias estão alimentando a criação de novos modelos de negócios focados na privacidade, nos quais a proteção de dados é vista como um diferencial competitivo. Ao adotar essas tecnologias e modelos de negócios, as empresas podem se destacar em um mercado cada vez mais focado na privacidade.

Implantação de uma cultura de transparência na empresa

Comece estabelecendo canais abertos de comunicação. Assegure-se de que todos se sintam confortáveis para compartilhar ideias, preocupações e críticas.

Treinamentos são ferramentas eficazes para enfatizar a relevância da transparência, destacando os benefícios e a importância de manter um ambiente aberto.

Para permitir que os funcionários expressem suas opiniões de maneira segura, ofereça um mecanismo de feedback anônimo. Mostre a eles que suas vozes são ouvidas e valorizadas.

Contudo, o elemento mais crucial para disseminar a transparência é a liderança pelo exemplo. A alta gerência precisa demonstrar abertura e honestidade em suas interações diárias.

Desafios na implementação da transparência

Embora a transparência seja desejável, nem sempre é fácil de implementar. Pode haver resistência devido à insegurança ou à falta de confiança. Nesses casos, uma comunicação clara e consistente sobre as razões e os benefícios da transparência pode ajudar a superar esses obstáculos.

Além disso, a transparência deve ser equilibrada com a privacidade. Definir limites claros sobre o que é e o que não é apropriado compartilhar é crucial para evitar ultrapassar a linha e invadir a privacidade alheia.

Impacto da transparência nos negócios

A comunicação aberta pode melhorar a satisfação e a retenção dos funcionários, já que eles sentem que são parte do processo de tomada de decisões. Uma empresa transparente é mais atraente para potenciais novos talentos, pois demonstra um ambiente de trabalho saudável e respeitoso.

Do ponto de vista do cliente, a transparência pode aumentar a confiança na empresa, melhorar a satisfação do consumidor e, consequentemente, a lealdade à marca.

Em suma, a transparência é uma ferramenta poderosa para criar um ambiente de trabalho positivo, atraente para os talentos e confiável para os clientes. É uma prática essencial para todas as empresas modernas que desejam prosperar em um mundo cada vez mais consciente e exigente.

NEGÓCIOS DIGITAIS

Hoje, empresas estão sendo moldadas pela inovação e pela cultura tecnológica. Nesse contexto, surgem os negócios digitais, com modelos revolucionários e métodos criativos de atender o cliente, bem como estratégias inéditas de crescimento.

Os modelos de negócios digitais não se limitam a inovar na entrega de valor ao cliente, mas também na maneira de monetizar e obter lucros. Da Amazon, que reinventou o varejo, à Uber, que transformou o transporte sob demanda, essas empresas pioneiras demonstram como modelos de negócios inovadores e disruptivos podem remodelar mercados inteiros.

Então, para criar um negócio digital, devemos explorar esses modelos, compreender a natureza da inovação e disrupção e aprender sobre desenvolvimento ágil de produtos e marketing digital. Neste capítulo, desvendaremos esses aspectos essenciais.

Modelos de Negócios Digitais

Vamos explorar alguns dos principais modelos de negócios digitais, como funcionam e as empresas que se destacam em cada um.

1. **Ecommerce e Marketplaces**: Estes são espaços digitais em que vendedores e compradores se encontram para transacionar bens e serviços. A pioneira Amazon revolucionou o varejo com sua loja online, enquanto o Alibaba é atualmente a maior plataforma de comércio eletrônico do mundo.

2. **P2P Marketplaces/On Demand**: Este modelo permite que indivíduos compartilhem recursos em tempo real. A Zipcar iniciou o conceito de compartilhamento de carros, enquanto a Uber é agora o serviço de transporte sob demanda mais reconhecido globalmente.

3. **Assinaturas**: Este modelo fornece acesso a produtos ou serviços por uma taxa recorrente. A AOL foi uma das primeiras com seu serviço de internet, enquanto a Netflix se tornou sinônimo de streaming de conteúdo por assinatura.

4. **Anúncios/Patrocínio**: Este modelo gera receita a partir de publicidade direcionada. O Google foi pioneiro na monetização de pesquisas online, enquanto o Facebook é hoje uma das maiores plataformas de publicidade do mundo.**Comunidade/Ecossistema**: Este modelo cria redes de produtos e serviços interconectados. A Microsoft foi uma das primeiras a criar um ecossistema com o Windows e o Office, enquanto a Apple é agora famosa por seu ecossistema de produtos interligados.

5. **Crowdfunding**: Este modelo permite que indivíduos arrecadem fundos para projetos ou ideias. O ArtistShare foi uma das primeiras plataformas de crowdfunding, enquanto o Kickstarter é agora a plataforma mais reconhecida globalmente.

6. **Mecenato**: Este modelo permite que os fãs apoiem criadores de conteúdo de forma contínua. A pioneira Subbable permitia que os fãs financiassem seus criadores favoritos, enquanto a Patreon é agora a plataforma de mecenato mais popular.

7. **Paywall/Micropagamentos**: Este modelo monetiza o conteúdo, cobrando uma pequena taxa por acesso. O *Wall Street Journal* foi um dos primeiros a implementar um paywall, enquanto o *New York Times* é agora um dos mais reconhecidos globalmente.

8. **Freemium**: Este modelo oferece serviços básicos gratuitos, com opções premium pagas que oferecem recursos adicionais. A pioneira Skype oferecia chamadas gratuitas com opções pagas, enquanto o Dropbox é agora uma das plataformas de armazenamento em nuvem mais populares com este modelo.

9. **Hidden Revenue (dados)**: Este modelo coleta e analisa dados dos usuários para oferecer publicidade personalizada. Embora o Google tenha sido pioneiro na coleta de dados para direcionamento de anúncios, o Facebook é hoje uma das maiores plataformas que monetiza dados de usuários.

Cada um dos modelos de negócios discutidos anteriormente é uma inovação em si, introduzindo novas maneiras de realizar transações, interagir com os clientes e monetizar ofertas.

O que é Inovação?

Inovar é criar algo novo, sem precedentes. O termo, proveniente do latim "innovatio", abrange a introdução de ideias, processos ou objetos originais. A inovação, antigamente vista como algo apenas comercial, hoje é vista em estágios preliminares de protótipos e conceitos.

Embora inovar possa significar fazer algo nunca feito antes, a verdadeira inovação é aquela que resolve um problema. Não é restrita a produtos; pode estar presente em modelos de negócios, processos empresariais, estrutura organizacional e todos os aspectos de uma organização.

Inovação incremental

A inovação incremental refere-se ao aprimoramento contínuo de um produto, serviço, processo ou modelo de negócios já existente. Não se trata de criar algo completamente novo, mas sim de adicionar, aperfeiçoar ou otimizar algo já existente.

Isso pode envolver a melhoria de um produto atual, simplificar um processo empresarial ou refinar uma estratégia de marketing. Em geral, esse tipo de inovação é menos arriscada, pois se baseia em elementos já testados e comprovados. No entanto, a inovação incremental, por si só, raramente é o bastante para sustentar a vantagem competitiva de uma empresa no longo prazo.

Inovação radical

A inovação radical envolve a criação de produtos, processos, serviços ou modelos de negócios totalmente novos que têm o potencial de transformar mercados ou até mesmo criar novos mercados.

Embora mais arriscada, a inovação radical, se bem-sucedida, tem o potencial de fornecer retornos significativos e sustentar uma vantagem competitiva de longo prazo.

Se o orçamento permitir, é recomendado que a empresa faça sempre pequenas apostas em inovação radical, adicionando escala nesse investimento quando perceber que os riscos estão controlados e a perspectiva de retorno está positiva.

SCAMPER

Uma abordagem interessante para estimular ideias inovadoras é a metodologia SCAMPER. Desenvolvida na década de 1970 por Bob Eberle, essa ferramenta de pensamento criativo tem como objetivo auxiliar a geração de novas ideias por meio da exploração de várias perspectivas.

Cada letra da palavra SCAMPER é um método para estimular ideias inovadoras; vamos conhecer cada um deles a seguir.

Substituir: Imagine como a substituição de partes do seu produto, processo ou modelo de negócios poderia levar a uma solução inovadora. Isso poderia significar usar diferentes materiais, fornecedores ou até mesmo alterar a maneira como as decisões são tomadas.

Combinar: Tente combinar diferentes aspectos do seu negócio ou diferentes ideias para criar uma solução única. Talvez duas ideias antigas, quando fundidas, possam criar algo verdadeiramente novo e eficaz.

Adaptar: Como as coisas mudaram no passado? Com o avanço tecnológico, muitas vezes, as velhas ferramentas e processos ganham uma nova vida. Pense em como você pode adaptar suas estratégias existentes às novas circunstâncias.

Modificar: Como você pode modificar ou ajustar seus produtos ou processos para melhorar o desempenho? As alterações não precisam ser radicais para serem eficazes. Muitas vezes, pequenas alterações podem levar a melhorias significativas.

Pôr em outro uso: É possível que seu produto, serviço ou processo tenha utilidades não exploradas? Às vezes, o público pode encontrar novas maneiras de usar o que você oferece, levando a oportunidades de inovação.

Eliminar: Eliminar componentes desnecessários pode levar a um produto mais simples e eficaz. Isso pode envolver a remoção de recursos não utilizados, a simplificação de processos ou a eliminação de desperdícios.

Reverter ou Rearranjar: Finalmente, considere a ideia de reverter ou reorganizar seu produto ou processo. Às vezes, uma mudança de perspectiva pode levar a novas e excitantes inovações.

Brainstorming e brainswarming

O brainstorming é provavelmente a técnica de geração de ideias mais conhecida. Em geral é realizado em grupos, e cada membro tem a liberdade de expressar suas ideias sem julgamentos ou críticas. O objetivo é produzir uma quantidade significativa de ideias que possam ser analisadas posteriormente. O brainstorming é muito eficaz na promoção de pensamentos criativos e na construção de um ambiente colaborativo.

No entanto, essa técnica pode apresentar algumas desvantagens. Por exemplo, pessoas mais introvertidas podem se sentir desconfortáveis em expressar suas ideias em voz alta, enquanto pessoas mais extrovertidas ou dominantes podem ofuscar a participação de outros membros do grupo.

Além disso, o brainstorming também pode levar ao que é chamado de "pensamento de grupo", caso em que os participantes tendem a convergir para uma única ideia ou perspectiva, em detrimento da diversidade e originalidade de pensamentos.

É neste caso que o brainswarming se mostra um excelente complemento. Criado por Tony McCaffrey, CTO da Innovation Accelerator, em 2014, o brainswarming é uma alternativa ao brainstorming que tenta superar algumas de suas limitações.

Em vez de expressar as ideias em voz alta, os participantes as escrevem em post-its ou em um quadro, permitindo que todos vejam as ideias de todos. Isso garante maior inclusão de todos os membros do grupo, independentemente de sua personalidade ou estilo de comunicação, e também evita o pensamento de grupo, pois cada ideia pode ser visualizada e avaliada de forma independente.

O processo de brainswarming é simples e eficaz. Aqui estão os passos para conduzir um workshop:

Silêncio

a. **Definição da meta ou problema**: O primeiro passo é definir claramente a meta que deseja alcançar ou o problema que deseja resolver. A meta ou problema é colocada no topo do mural ou lousa. Esta é a questão que se deseja resolver.

b. **Criação de um ambiente colaborativo:** O ambiente deve ser organizado de forma a permitir que todos os participantes escrevam suas ideias, seja em um quadro, seja em post-its, seja em uma ferramenta digital colaborativa.

c. **Identificação dos recursos**: Os participantes colam post-its com recursos disponíveis na parte de baixo do mural ou lousa. Recursos são qualquer coisa que possa ser utilizada para alcançar a meta ou resolver o problema.

d. **Soluções conhecidas:** Logo abaixo da meta, os participantes colam post-its com possíveis soluções. Soluções são ideias finais para resolver os problemas ou atingir a meta.

e. **Conexão de recursos com soluções**: Os participantes começam a fazer conexões entre os recursos existentes e as soluções disponíveis.

Conversa

a. **Descoberta de novos caminhos**: Os participantes conversam entre si, criando novas ideias com os recursos existentes, analisando a viabilidade das soluções atuais e verificando se possuem todos os recursos necessários.

Discussão

a. **Seleção**: Os participantes discutem entre si sobre os prós e contras de cada solução. As mais promissoras são selecionadas para futura exploração ou implementação

No total, o processo de brainswarming, combinando sessões de silêncio e discussão, pode produzir em torno de 115 ideias em 15 minutos, em comparação com as 100 ideias produzidas em média em uma sessão de 60 minutos de brainstorming. Isso torna o brainswarming uma ferramenta altamente eficiente para a geração de ideias e resolução criativa de problemas.

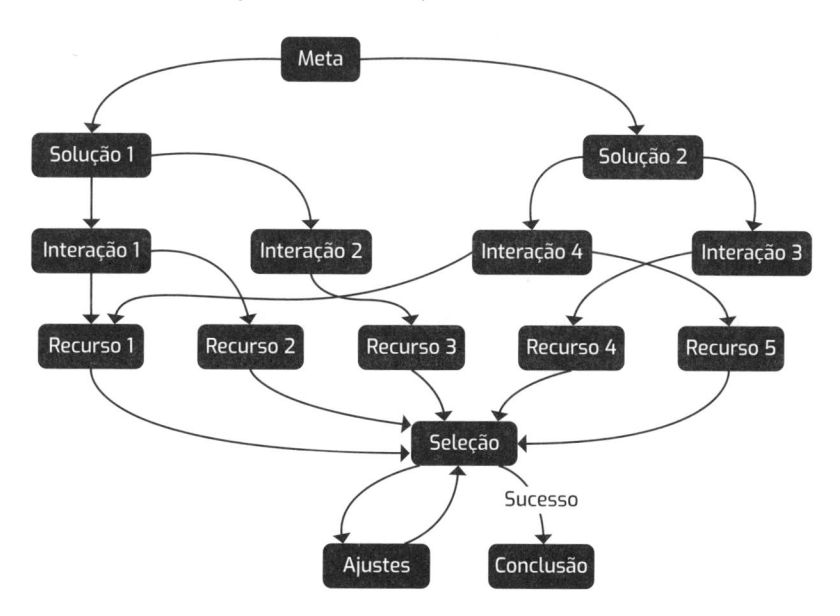

Ao empregar o brainswarming em sua equipe ou organização, você pode descobrir que este "enxame de ideias" é mais eficaz em gerar soluções inovadoras do que a tradicional "tempestade". Afinal, o objetivo não é apenas gerar ideias, mas também garantir que todas as vozes sejam ouvidas e que cada ideia seja explorada ao máximo.

Inovação Aberta

Outra forma de inovar é buscar essa mudança fora da empresa. Quando trazemos inovação de fontes externas, chamamos esse processo de *inovação aberta*.

Inovação aberta é um termo cunhado pelo acadêmico Henry Chesbrough que se refere a um processo de inovação em que as empresas não utilizam apenas ideias internas, mas também buscam ideias externas.

O processo pode ser simples, como fazer uma parceria, licenciar uma tecnologia ou até comprar uma empresa externa. Ou seja, você procura alguém que tem alguma tecnologia, ferramenta ou serviço inovador e incorpora isso na produção dos seus próprios produtos e serviços para torná-los inovadores.

Ou pode ser mais complexo, como fazer uma cocriação, na qual qualquer indivíduo pode colaborar com a empresa na criação de uma solução inovadora.

Existem quatro tipos de processos de cocriação: clube de especialistas, parceria, crowdsourcing e comunidade de espíritos afins.

Clube de especialistas

A partir de um processo de seleção, especialistas apresentam a solução para um determinado problema e vendem essa solução e a propriedade intelectual para a empresa.

Um exemplo é o "Netflix Prize". Em 2006, a Netflix decidiu melhorar seu algoritmo de recomendação de filmes e lançou um desafio aberto para especialistas em ciência de dados. Eles foram convidados a desenvolver soluções que pudessem aprimorar o algoritmo em 10% e ofereceu um prêmio de US$1 milhão para a equipe que alcançasse esse objetivo. O vencedor do desafio teve sua solução adquirida pela Netflix, incluindo a propriedade intelectual associada.

Parceria

A partir de um processo de seleção, empresas parceiras apresentam a seleção para um determinado problema e fornecem a solução para a empresa sem vender a propriedade intelectual.

Em 2010 e 2012, a Toyota e a Tesla Motors estabeleceram uma parceria estratégica. A Toyota trouxe sua experiência em fabricação e qualidade, enquanto a Tesla contribuiu com suas tecnologias avançadas de baterias e acionamento elétrico. Essa colaboração permitiu à Toyota ingressar no mercado de veículos elétricos de maneira mais ágil, aproveitando o conhecimento e a experiência da Tesla. Não houve venda de propriedade intelectual, mas sim compartilhamento de conhecimentos e recursos em benefício mútuo.

Crowdsourcing

A partir de uma convocatória aberta, qualquer pessoa pode apresentar uma solução, e a solução vencedora em geral é escolhida por um júri de especialistas e regida por um regulamento. O vencedor é premiado e, em troca, oferece a solução e propriedade intelectual para a empresa.

A LEGO possui uma plataforma de crowdsourcing chamada LEGO Ideas, em que os fãs podem enviar suas próprias ideias de conjuntos de LEGO. Os projetos mais populares são revisados pela empresa e podem se tornar produtos oficiais da LEGO.

Comunidade de espíritos afins

Uma comunidade aberta constrói uma solução para um problema e a oferece de forma gratuita para toda a sociedade. Empresas podem utilizar livremente e têm pouca ou nenhuma interferência no desenvolvimento da solução, tampouco possuem propriedade intelectual sobre esta.

Nesta categoria encontram-se soluções de código aberto, como o Linux, e projetos abertos, como a Wikipedia.

O Linux é um sistema operacional de código aberto desenvolvido por uma comunidade global. Ele é permite que qualquer um use, modifique e redistribua seu código. Isso incentiva a colaboração e a evolução contínua, enquanto as empresas podem adaptá-lo sem custos de licença ou limitações de uso.

A Wikipedia é uma enciclopédia online mantida por voluntários ao redor do mundo, com artigos criados e editados por qualquer pessoa com acesso à internet. A Wikipedia é constantemente atualizada abrangendo tópicos diversos. Sendo uma plataforma não comercial, seu conteúdo pode ser usado livremente, sem restrições de propriedade intelectual.

O que é Disrupção?

Disrupção é um termo popularizado por Clayton Christensen que se refere a inovações que criam novos mercados e desestabilizam os existentes.

A Netflix, por exemplo, mudou a forma como vemos televisão. Ao invés de esperar o horário específico de um programa, podemos assistir qualquer conteúdo a qualquer hora. Isso acabou com as locadoras, afetou a indústria do cinema e criou o mercado de streaming.

A Uber impactou o mercado de táxis, afetou a indústria dos estacionamentos e criou toda uma nova categoria profissional: os motoristas de aplicativo.

Para criar um produto disruptivo, você precisa se sentir confortável com a ousadia de fazer diferente de todo mundo. Ninguém cria algo disruptivo imitando um concorrente ou fazendo pequenas modificações.

O que é uma Startup?

Não existe uma única definição de startup, tampouco um conceito global, a percepção do que significa uma startup varia de um país para outro. Uns usam o tamanho da empresa em faturamento ou funcionários para definir uma startup, outros usam a idade em anos, ou se ela já recebeu investimentos, se dá lucro etc.

Podemos dizer que uma startup é uma empresa ou projeto executado por um empreendedor para encontrar, desenvolver e validar um modelo de negócios que usa tecnologia para se tornar escalável. Enquanto o termo empreendedorismo se refere a qualquer tipo de novo negócio, uma startup se refere a um negócio que pretende crescer muito além do seu fundador.

Quando o problema ideal já foi encontrado, o produto desenvolvido já não precisa mais de grandes mudanças e o modelo de negócio já foi validado e se torna lucrativo e escalável, podemos dizer que a empresa já não é mais uma startup.

Por isso o conceito de startup está tão ligado ao conceito de inovação, startups foram responsáveis por inovar e transformar praticamente todos os negócios do mundo moderno.

Toda startup precisa de um produto. Muitas vezes o produto inicial não é digital (enquanto o modelo é validado), mas já se usam canais digitais desde o começo para chegar no consumidor.

Em algum momento é preciso ter um produto digital, mesmo que o produto ou serviço oferecido não seja digital.

Veja, por exemplo, a Uber (aplicativo de intermediação de viagens curtas de carro) e o Airbnb (aplicativo de intermediação de hospedagens). Os aplicativos que você instalou no seu celular são os produtos, e por meio desses produtos digitais você adquire serviços que não são digitais. A desmaterialização nesse caso se deu no acesso ao serviço, e não no serviço em si.

Por que é preciso ter um produto digital? Porque, sem o produto digital (o aplicativo nos exemplos acima), a startup não consegue se tornar escalável. Lembre-se de que a grande vantagem da digitalização (desmaterialização) é facilitar a distribuição e manipulação de objetos que antes necessitavam de estrutura física.

Como Desenvolver Produtos e Modelos de Negócios Digitais?

Por meio do design thinking, encontramos o problema que a startup vai solucionar e criamos o protótipo da solução desse problema.

O próximo passo é testar continuamente, aprender com os feedbacks dos clientes e corrigir ou ajustar até ter um produto validado e um modelo de negócios viável com estrutura de custos e receita.

Nessa fase, a melhor metodologia que conheço é a Lean Startup (Startup Enxuta), conceito criado por Eric Ries, que lançou um livro de mesmo nome.

A metodologia Lean Startup anda de mãos dadas com as metodologias ágeis, como o SCRUM, para desenvolver produtos; e com o Growth Hacking para encontrar os clientes ideais. Vamos conhecer um pouco mais de cada uma dessas metodologias de negócios a seguir.

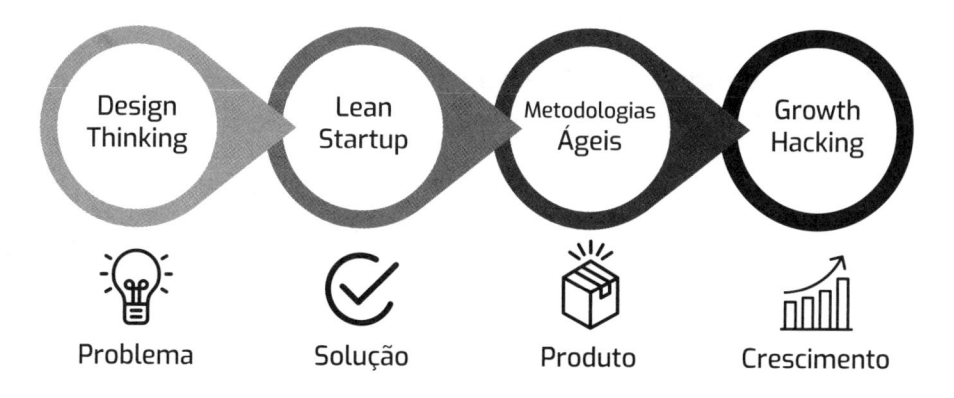

Design Thinking	Lean Startup	Metodologias Ágeis	Growth Hacking
Problema	Solução	Produto	Crescimento

Lean Startup

A metodologia Lean Startup, de forma resumida, consiste em cinco princípios, um ciclo e um modelo (canvas) para você acompanhar o desenvolvimento da sua startup.

Cinco princípios

1. Empreendedores estão em todos os lugares.

Se você tem uma startup, você é um empreendedor. Não importa se trabalha em seu quarto, garagem ou escritório. E não importa o tamanho da sua startup. Se deseja economizar tempo e recursos, você pode usar a metodologia Lean Startup.

É importante ressaltar, também, que essa metodologia não é útil apenas para startups, mas também pode ser aplicada em grandes organizações. Apesar de ter sido originalmente desenvolvida para startups, muitas das ideias e princípios têm sido aplicados com sucesso em organizações maiores, ajudando-as a inovar, especialmente em projetos de transformação digital.

2. Empreendedorismo é gestão.

Toda empresa precisa de gerenciamento, inclusive as startups, mas nem sempre esse gerenciamento é tradicional.

Os processos não são tão ordenados como seriam em uma empresa com um modelo de negócios estabelecido e operacional. Gerentes devem permitir que funcionários façam experimentos, desde que os riscos sejam considerados aceitáveis.

3. Aprendizagem validada.

As startups enxutas constroem seu modelo de negócios sustentável por meio do aprendizado validado.

O Lean Startup sugere que os empreendedores formulem hipóteses sobre seus clientes, produtos e mercado, e então testem essas hipóteses por meio de experimentos, coletando resultados e tomando todas as decisões futuras baseadas em dados relevantes.

4. Inovação com prestação de contas.

Para ser bem-sucedido, é fundamental monitorar cada progresso de forma objetiva.

É preciso ter metas e indicadores. Se você não contabilizar seu progresso, não será capaz de observar os dados para entender qual foi o motivo de cada sucesso ao longo do caminho. Sem isso você não saberá o que manter e o que mudar ao longo da sua jornada.

5. Construir, medir e aprender.

O ciclo "construir, medir e aprender" permite validar o aprendizado por meio do mínimo produto viável (MVP) no qual os experimentos são conduzidos.

Para exemplificar os princípios do Lean Startup, vamos usar a história de uma startup fictícia: a GarrafaEco, uma empresa que se propôs a fabricar garrafas de água biodegradáveis.

Quando a GarrafaEco foi fundada, seus criadores eram estudantes universitários trabalhando em um dormitório (empreendedores estão em todos os lugares). Eles perceberam que precisavam gerenciar a empresa de maneira diferente das empresas tradicionais devido à sua incerteza quanto ao sucesso do produto e ao ritmo acelerado de concorrentes com produtos ecológicos (empreendedorismo é gestão).

Ao invés de gastar tempo e recursos na fabricação de milhares de garrafas, a GarrafaEco lançou um MVP, uma garrafa de água básica, para testar se os clientes estavam dispostos a pagar por uma alternativa mais ecológica (aprendizagem validada + construir, medir e aprender).

A GarrafaEco pode ter começado com a hipótese de que os consumidores estariam dispostos a pagar mais por uma garrafa de água biodegradável. Ao lançar seu MVP e monitorar as vendas e o feedback dos clientes, eles foram capazes de testar e validar essa hipótese.

Durante esse processo, a GarrafaEco usou métricas como o número de garrafas vendidas e feedback dos clientes para medir seu progresso (inovação com prestação de contas). Com base nesses dados, eles fizeram ajustes em seu produto e estratégia, pivotando para uma nova versão de sua garrafa que era não apenas biodegradável, mas também autolimpante.

O ciclo "construir, medir e aprender"

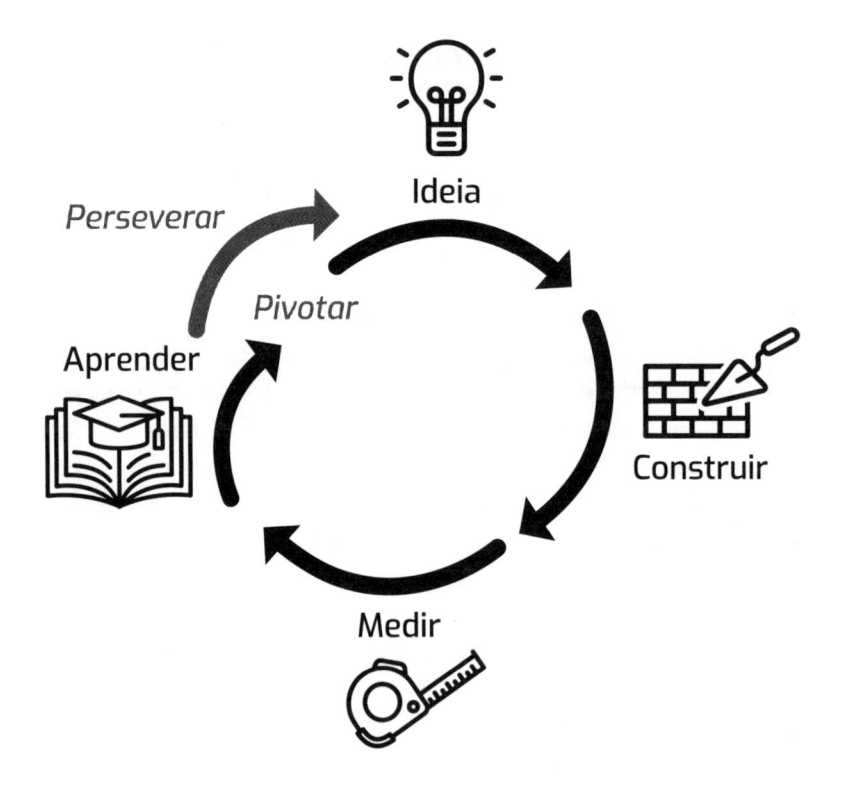

No mundo das startups, atualmente a ideia não vale mais nada.

Antigamente, uma ideia tinha muito valor porque ideias eram escassas, porém, no mundo atual, onde quase toda a informação do planeta flui livremente pela internet, é mais fácil construir um repertório criativo e ter boas ideias.

Até pouco tempo atrás era comum ouvir que o sucesso de uma startup estava em executar a ideia melhor do que seus concorrentes, outro grande engano.

O que define o sucesso de uma startup é conseguir resolver um problema melhor do que os seus concorrentes.

Para resolver um problema da melhor maneira possível é preciso, muitas vezes, abandonar uma ideia para abraçar outra melhor.

O ciclo "construir, medir e aprender" do Lean Startup vai ajudá-lo a encontrar a ideia vencedora para o seu problema.

No caso da GarrafaEco, o ciclo começou com a construção de um MVP: a garrafa biodegradável básica. Depois de "construir", eles passaram para a etapa de "medir", vendendo as garrafas em um mercado local e coletando feedback dos clientes.

Na fase "aprender", analisaram as métricas de vendas e o feedback dos clientes. Com base nesses dados, aprenderam que os clientes adoraram o conceito ecológico, mas também queriam funcionalidades adicionais. Isso os levou de volta à fase de "construção", na qual ajustaram o design de sua garrafa para incluir uma característica de autolimpeza.

MVP

O mínimo produto viável (MVP) é a versão mais simples de um produto que permite que uma equipe colete o máximo de aprendizado validado sobre os clientes com o menor esforço.

Construir é sobre criar o MVP. Quando esse produto é apresentado para os futuros clientes, é importante medir suas reações, a forma como ele usa o produto e suas percepções. Meça tudo que for necessário para aprender a melhorar o produto.

Ao longo do processo de validação do MVP, você terá informação suficiente para decidir se deve perseverar na sua ideia ou abandonar em nome de uma ideia melhor, aproveitando a base que já foi construída.

O MVP deve ser o produto mais simples possível, mas que ainda ofereça o valor principal que você está prometendo aos clientes. No caso da GarrafaEco, o valor principal era uma garrafa de água biodegradável. Eles não incluíram funcionalidades adicionais, como autolimpeza ou filtros embutidos, em seu MVP inicial porque essas não eram necessárias para testar a premissa básica de seu produto.

Assim que o MVP é lançado e os dados são coletados, os ajustes podem ser feitos. Como ocorreu com a GarrafaEco, em que adicionaram a característica autolimpante depois que a ideia inicial do produto ecológico foi validada pelos clientes.

Às vezes, um MVP não é um produto, ele pode ser apenas uma prova de conceito (POC — Proof of Concept).

Prova de conceito: Zappos

Quando a Zappos (e-commerce de calçados) foi criada, seu fundador, Tony Hsieh, não fez um estoque de calçados ou instalou uma grande plataforma de e-commerce.

Ele construiu uma página simples, com fotos e preços de calçados que ele encontrou nas vitrines das lojas da região onde morava. Quando alguém comprava um desses calçados ele ia fisicamente na loja, comprava o calçado, embalava e acompanhava a entrega, entrando em contato com o cliente para saber se ele estava satisfeito.

Tony validou todo o processo de venda de calçados antes de criar o seu produto e, com esses aprendizados, ele criou uma loja que fez tanto sucesso que posteriormente foi adquirida pela Amazon.

Prova de conceito: Pokémon Go

A ideia do jogo Pokémon Go surgiu durante uma brincadeira de 1º de abril da equipe do Google Maps. Nessa brincadeira, era possível que as pessoas percorressem os mapas do aplicativo capturando pokémons. Muitas pessoas se mostraram entusiasmadas com a ideia de existir um jogo real em que isso fosse possível.

Para testar se essa ideia realmente tinha viabilidade comercial, foi criado um vídeo de divulgação que, apesar de mostrar telas do jogo, havia sido gerado por computação gráfica sem que o jogo existisse.

Como o vídeo foi um sucesso, a Niantic, fabricante do jogo, decidiu seguir adiante e lançar o Pokémon Go alguns meses depois com algumas funções básicas e ir aperfeiçoando conforme recebia o feedback dos jogadores.

Pivotar

O termo pivotar vem dos esportes, principalmente do basquete, em que um jogador gira sobre a sua base mudando a jogada de um lado para o outro.

Nos negócios, o processo de mudar de ideia aproveitando a mesma base (que pode ser um sistema ou seus dados) é conhecido como "pivotar".

Ou seja, pivotar é o termo usado para descrever uma mudança estratégica fundamental na direção de uma startup, geralmente baseada nos aprendizados do mercado.

Antes de pivotar, a startup deve ter acumulado um conjunto substancial de aprendizados e feedbacks do cliente que sinalizam a real necessidade de uma mudança.

Se você é apaixonado pelo problema a ser resolvido e não pela sua ideia, é provável que pivote algumas vezes enquanto valida seu modelo de negócios.

A habilidade para pivotar com eficácia requer flexibilidade e adaptabilidade. As startups devem estar abertas para abandonar ideias que não funcionam, independentemente de quanto tempo e recursos tenham sido investidos nelas. O fracasso de uma ideia não é visto como uma derrota, mas como uma oportunidade para aprender, ajustar e avançar

O YouTube, por exemplo, originalmente foi pensado como site de namoros, em que você podia gravar vídeos. A plataforma de gravação e upload de vídeos acabou chamando tanto a atenção dos usuários que se tornou o produto principal e eles pivotaram a ideia original.

Outro exemplo é o Slack, hoje uma plataforma de comunicação para equipes, que começou como uma ferramenta interna para uma empresa de jogos chamada Tiny Speck. Quando os jogos da Tiny Speck falharam, eles decidiram pivotar e transformar a ferramenta interna de comunicação em um produto viável para o mercado.

Jornada de evolução do produto: Do MVP ao EVP

Ao longo da evolução do produto, o mercado digital cunhou outras siglas que, ainda que não seja obrigatório você lembrar, trazem conceitos relevantes que são marcos importantes no caminho de um produto de sucesso.

Vamos conhecer as etapas que um produto passa desde o seu estágio inicial de desenvolvimento até atingir o seu estado de excelência. Todo o processo gira em torno da ideia de "começar pequeno, aprender rápido e melhorar constantemente".

MVP (minimum viable product — mínimo produto viável): Este é o estágio inicial em que a versão mais básica de um produto é desenvolvida, primando pela simplicidade e funcionalidade principal.

MMF (minimum marketable feature — recurso mínimo comercializável): Aqui, a identificação e incorporação do recurso crucial que tornará o produto atraente para os clientes é feita. Este é o recurso que fará o produto ser comercializável no mercado, sendo considerado a funcionalidade essencial para atrair e convencer os consumidores.

MLP (minimum lovable product — produto mínimo amável): Também conhecido como MDP (minimum delightful product — produto mínimo encantador) ou MAP (minimum awesome product — produto mínimo incrível), esta é a fase em que o produto, já validado e com a funcionalidade principal estabelecida, é aprimorado. O objetivo agora é não apenas resolver o problema, mas também encantar os usuários.

MMP (minimum marketable product — produto mínimo comercializável): Nesta fase, o produto é lançado no mercado. Apesar de ainda ter um conjunto limitado de recursos, a empresa pode começar a gerar receita com o produto. Aqui, o aprendizado do MVP é transformado em valor real para o mercado.

MMR (minimum marketable release — lançamento mínimo comercializável): Depois do lançamento inicial, esta é a fase em que novas características e melhorias são adicionadas continuamente ao produto. Cada MMR é uma atualização que ocorre de acordo com o feedback dos clientes e as necessidades emergentes do mercado.

MBI (minimum business increment — incremento mínimo de negócios): Aqui, as atualizações feitas são aquelas que trazem valor significativo para o negócio. Podem ser novas funcionalidades que aumentam a receita, reduzem os custos ou melhoram a eficiência operacional da empresa.

EVP (exceptional viable product — produto viável excepcional): Finalmente, esta é a fase em que o produto atinge sua versão mais completa. O EVP não apenas atende, mas supera as necessidades dos clientes, oferecendo um valor excepcional. Aqui, o produto é refinado, repleto de recursos e funcionalidades que superam as expectativas dos clientes.

Ao longo desse processo, as empresas devem estar dispostas a pivotar, se adaptar e evoluir conforme necessário. E um lembrete importante: cada falha é uma oportunidade para aprender, ajustar e avançar.

Feedback do cliente

A metodologia Lean Startup enfatiza fortemente a importância do feedback do cliente. Este é um dos pilares fundamentais que alimenta o ciclo de "construir, medir e aprender". Sem a valiosa percepção do cliente, uma startup pode se ver desenvolvendo produtos que não atendem às necessidades do mercado.

O feedback do cliente é muito mais do que uma caixa de sugestões, conversas ocasionais ou alguns e-mails. Trata-se de um processo estruturado e contínuo de coleta de dados e comunicação com os clientes, de modo a entender suas necessidades e expectativas e, em seguida, usar essas informações para ajustar e aperfeiçoar o produto.

Os métodos de coleta de feedback podem variar desde entrevistas individuais e grupos de foco até análise de dados de uso do produto e pesquisas de satisfação do cliente. Quanto mais processos estruturados de coleta de feedback do cliente, melhor.

O objetivo é aprender rapidamente, adaptar-se da melhor maneira possível e entregar um produto que vai atender as expectativas do mercado para levar a empresa ao sucesso.

Lean Canvas

Problema	Solução	Proposta única de valor	Vantagem competitiva	Segmentos de clientes
Alternativas existentes	Métricas-chave	Conceito de alto-nível	Canais	Early Adopters (Clientes ideais)
Estrutura de custos			Fontes de receita	

O Lean Canvas é um guia visual simplificado e ágil para a construção do seu modelo de negócios. Ele permite:

1. **Documentar** o seu aprendizado a cada ciclo de construção e mensuração, criando uma nova folha para cada iteração. Por exemplo, se a sua startup é uma plataforma de ensino online, você pode documentar as mudanças feitas com base no feedback dos alunos a cada nova versão da plataforma.

2. **Visualizar** todo o plano de negócios em uma única folha, facilitando sua análise. É como ter uma visão aérea de um labirinto — você pode ver todos os caminhos e becos sem saída de uma só vez.

3. **Comparar** facilmente diferentes **planos** para analisar possibilidades. Por exemplo, você pode comparar diferentes estratégias de preços ou canais de distribuição e ver qual delas se encaixa melhor no seu modelo de negócios.

4. **Comparar** diferentes **versões** para entender o que deu certo e errado ao longo do tempo. Isso é crucial para a mentalidade de aprendizado constante que é a base da metodologia Lean Startup.

Vamos agora explorar em detalhes cada seção do Lean Canvas, preenchendo e lendo de uma forma que conta uma história compreensível:

1. Segmento de clientes e Early Adopters
Aqui você preenche as informações detalhadas sobre quem são seus clientes-alvo.

Dentro desse segmento, você descreverá um grupo específico de pessoas que mais vão se beneficiar da sua solução, ou seja, quem seriam seus clientes ideais. Chamamos esse subgrupo de Early Adopters, que são aqueles mais propensos a adotar sua solução antes dos demais clientes.

Por exemplo, se a sua startup é um aplicativo de fitness, o seu segmento de clientes pode ser "pessoas que querem se exercitar em casa". Dentro desse segmento, os seus Early Adopters podem ser "profissionais ocupados que valorizam a conveniência".

2. Problema e alternativas existentes
Neste quadro você detalhará quais são os problemas (do Segmento de Clientes) que a sua solução resolve. O ideal é focar um único problema e não ir além de três.

Logo abaixo, você listará quais são as formas atuais de resolver esses problemas, enquanto a sua solução não está pronta. Ou seja, quais são as alternativas existentes à sua solução no dia de hoje.

No exemplo do aplicativo de fitness, o problema pode ser "falta de tempo para ir à academia". As alternativas existentes poderiam ser "vídeos de exercícios gratuitos no YouTube" ou "contratação de um personal trainer em casa".

3. Fontes de receita

Aqui você explicará como vai ganhar dinheiro com a sua solução. As pessoas pagarão para obter seu produto? Você oferecerá acesso a uma plataforma por meio de assinatura? Você criará um serviço gratuito com opcionais pagos?

No caso do aplicativo de fitness, você poderia cobrar uma taxa mensal pelo acesso a rotinas de treino personalizadas.

4. Solução

Aqui você descreve qual solução para resolver os problemas é melhor do que as alternativas existentes. O ideal é se concentrar em uma única solução com a maior qualidade possível. Além de resolver os problemas, é importante que a sua solução entregue uma proposta de valor clara.

O seu aplicativo de fitness pode oferecer um plano de treino personalizado que se adapta ao progresso do usuário, algo que vídeos gratuitos no YouTube não podem fazer.

5. Proposta única de valor e conceito de alto-nível

A proposta de valor é a alma da sua solução. Em que ela é melhor do que as alternativas existentes de mercado? É mais rápida? Mais barata? Mais eficiente? Possui maior qualidade? Como essa eficiência ou qualidade são medidas?

Para facilitar a apresentação da sua solução aqui, você criará um conceito simplificado, chamado de conceito de alto-nível, porque usará uma linguagem acessível, mais próxima da compreensão humana.

O conceito de alto-nível deve ser uma única frase curta e comumente inclui uma comparação com outra plataforma similar.

O aplicativo DogHero, por exemplo, pode ser definido como "o Airbnb dos pets"; e o WhatsApp pode ser definido como "um aplicativo de mensagens gratuitas".

Talvez o seu aplicativo de fitness use inteligência artificial para personalizar os planos de treino, tornando-o mais eficaz que outras opções. O conceito de alto nível pode ser algo como "o personal trainer digital que se adapta ao seu progresso".

6. Canais

Aqui você listará os canais de venda e atendimento ao cliente, como o próprio aplicativo, redes sociais, lojas físicas e telefone. Todo canal de atendimento também pode ser um canal de venda e vice-versa.

7. Métricas-chave

Quais são as principais métricas que definem o sucesso da sua startup? Evite métricas de vaidade (aquelas que dizem apenas que o seu negócio é famoso) e concentre-se nas que dizem que ele está crescendo e no caminho para se tornar lucrativo.

No caso do aplicativo de fitness, as métricas poderiam incluir o número de usuários ativos, a taxa de retenção de usuários e a taxa de conversão de usuários gratuitos para pagantes.

8. Estrutura de custos

Liste aqui os custos fixos e variáveis necessários para fazer seu negócio funcionar e crescer.

No exemplo do aplicativo de fitness, isso pode incluir os custos de desenvolvimento e manutenção do aplicativo, marketing e suporte ao cliente.

9. Vantagem competitiva

Aqui você descreverá qual é a característica única da sua startup ou solução que faz com que ela seja muito difícil de ser copiada pelos concorrentes. Algumas startups têm, em seu quadro, especialistas em temas muito complexos, outras têm dinheiro quase ilimitado; algumas aproveitam parcerias exclusivas com fornecedores ou parceiros, ou ainda uma extensa e exclusiva rede de relacionamentos.

Para o aplicativo de fitness, a vantagem competitiva pode ser o seu algoritmo de personalização de treinos baseado em inteligência artificial.

A história contada nessa ordem fica mais ou menos assim: os futuros clientes (1) têm um problema (2) e estão dispostos a pagar pela solução (3), desde que a solução (4) tenha a proposta de valor (5). Você chegará até esses clientes pelos canais (6), acompanhará o crescimento da empresa pelas métricas (7), controlará os custos (8) e manterá a vantagem competitiva (9).

Pronto! Em poucos minutos você consegue facilmente entender e apresentar uma nova startup usando apenas uma folha. E, se a pessoa não tiver muito tempo, use o Conceito de Alto-Nível.

Fail fast, learn faster

"Fail Fast" é um conceito que significa que é melhor descobrir o mais rápido possível se uma ideia vai ou não funcionar. Assim você pode aprender com os erros rapidamente ("Learn Faster") e fazer ajustes ou mudar a direção ("Pivotar"), se necessário.

No mundo das startups, o tempo e os recursos são limitados, então não há espaço para continuar investindo em uma ideia que não está dando certo. Em vez disso, falhe rápido, aprenda rápido e melhore rápido.

O ideal é falhar com pouco, por isso mesmo o MVP ou o POC deve gastar o mínimo de recursos. Falhe apenas com o suficiente para aprender. Só faça grandes investimentos quando já souber em que área investir com segurança.

Mentalidade Ágil: Trabalhando com Qualidade

É importante esclarecer, primeiramente, que agilidade e velocidade não são a mesma coisa no contexto de uma empresa.

Velocidade é a rapidez com que algo é realizado — o tempo necessário para percorrer um espaço ou concluir uma tarefa. Porém, a velocidade excessiva pode levar a erros na criação de um produto ou na entrega de um serviço, resultando em clientes insatisfeitos.

É como um corredor que, ao se concentrar em cruzar a linha de chegada o mais rápido possível, pode tropeçar e cair, ou pegar o caminho errado.

A agilidade, por outro lado, é mais do que velocidade. É a habilidade de se mover rapidamente com ligeireza, desembaraço e vivacidade, mantendo o equilíbrio e a capacidade de reação diante de obstáculos e mudanças de direção.

Na metáfora do mundo dos negócios, uma empresa ágil é como um acrobata — capaz de se adaptar e responder a alterações e imprevistos, sem perder a qualidade e o desempenho.

Se na sua empresa as coisas são feitas do mesmo jeito há muito tempo e, quando alguém desvia dos processos estabelecidos, surge alguém irritado reclamando, talvez ela esteja mais dependente de burocracias do que você imagina.

Ser ágil no ambiente corporativo significa entregar um trabalho bem feito, com foco na qualidade final da solução, ao invés de simplesmente seguir a burocracia.

A agilidade é uma característica altamente valorizada nas empresas digitais, pois permite que as equipes respondam de forma eficaz às mudanças no ambiente de negócios, atendam às demandas dos clientes e continuem aprimorando seus produtos e serviços.

Agilidade no ambiente corporativo

No ambiente corporativo, a agilidade pode se manifestar de várias maneiras. Vejamos alguns exemplos práticos a seguir.

Em um cenário de desenvolvimento de software, uma equipe ágil adotará metodologias como Scrum, Kanban ou XP para criar e melhorar seus produtos. Em vez de se concentrar em um plano de projeto rígido e linear, essas equipes enfatizam a flexibilidade, a colaboração e o feedback contínuo, permitindo-lhes fazer ajustes ao longo do caminho e reagir rapidamente a novos desafios ou oportunidades.

Outro exemplo seria o de uma equipe de marketing que adota uma mentalidade de Growth Hacking. Em vez de seguir estratégias de marketing tradicionais, eles se concentram em experimentos rápidos e cíclicos para encontrar as melhores maneiras de alcançar e converter clientes. Esse enfoque permite que eles se adaptem rapidamente às mudanças nas tendências do mercado e aos comportamentos dos consumidores.

Além disso, em uma empresa ágil, a hierarquia muitas vezes é achatada e horizontalizada, para permitir a tomada de decisões mais rápida. Em vez de um sistema hierárquico rígido em que a tomada de decisão se move lentamente de cima para baixo, uma organização ágil permite que as decisões sejam tomadas mais perto do problema ou oportunidade. Isso resulta em uma resposta mais rápida e mais eficaz.

Ser ágil também envolve a abertura para falhas como oportunidades de aprendizado. Em uma cultura corporativa tradicional, o fracasso pode ser visto como um tabu. No entanto, uma empresa ágil percebe que o fracasso pode oferecer insights valiosos para a melhoria contínua. Portanto, as equipes são incentivadas a experimentar, testar e aprender, mesmo se isso resultar em erros ao longo do caminho.

A agilidade no ambiente corporativo também significa a capacidade de lidar efetivamente com a mudança — seja tecnológica, no mercado ou nas necessidades e desejos dos clientes. As empresas ágeis são capazes de avaliar essas mudanças, adaptar-se a elas e, muitas vezes, tirar proveito delas para melhorar seus produtos e serviços.

Resumindo, a agilidade no contexto corporativo é sobre ser rápido, mas com propósito e precisão. Trata-se de adaptabilidade e aprendizado e melhoria contínuos, com o objetivo final de fornecer valor superior aos clientes.

O Manifesto Ágil

A pedra fundamental da metodologia ágil é o Manifesto Ágil, uma declaração de valores que norteia o modo como as equipes ágeis operam e valorizam aspectos distintos do processo de desenvolvimento.

Valorizamos:

Indivíduos e interações	mais que processos e ferramentas
Software em funcionamento	mais que documentação abrangente
Colaboração com o cliente	mais que negociação de contratos
Responder a mudanças	mais que seguir um plano

Mesmo havendo valor nos itens à direita, valorizamos mais os itens à esquerda.

O primeiro valor, "Indivíduos e interações mais que processos e ferramentas", destaca a importância da colaboração humana. Em qualquer equipe, especialmente no desenvolvimento de software, a solução de problemas complexos está menos nas ferramentas utilizadas e mais na maneira como os indivíduos se comunicam, colaboram e resolvem problemas juntos.

Em segundo lugar, "Software em funcionamento mais que documentação abrangente", enfatiza o foco em resultados tangíveis. É claro que a documentação é importante, mas o objetivo principal é garantir que o software esteja funcionando corretamente, mesmo que isso signifique ter menos documentação.

O terceiro valor, "Colaboração com o cliente mais que negociação de contratos", salienta a importância de formar parcerias sólidas com os clientes. Os contratos não devem ser rígidos, mas devem permitir a renegociação para garantir a melhor relação possível com o cliente.

Por fim, "Responder a mudanças mais que seguir um plano" ressalta a adaptabilidade. Vivemos em um mundo de constantes mudanças — tecnologia, mercado, comportamento do consumidor —, e é essencial que nossos planos sejam flexíveis o suficiente para responder a essas mudanças.

Esses valores são o núcleo do pensamento ágil e a razão pela qual as metodologias ágeis foram criadas — para trazer flexibilidade, colaboração e adaptabilidade para o centro do desenvolvimento de produtos e serviços.

Se você encontrar alguma empresa usando um método ágil e reclamando de burocracias, provavelmente houve algum problema sério na forma como ele foi implantado, afinal, a agilidade corporativa surgiu para acabar com a burocracia.

Squads

Um dos principais conceitos de uma cultura ágil é organizar seus times de trabalho em squads.

A ideia de um squad é reproduzir a agilidade que as startups têm no início de suas jornadas, em que você tem uma única pessoa cuidando de cada função e as conversas fluem na empresa sem burocracia.

Quando a empresa cresce, é comum adotar uma estrutura hierárquica, na qual os times são organizados por função: programação, marketing, finanças, recursos humanos etc.

O problema do modelo hierárquico é que cada área define suas prioridades e cria controles internos que nem sempre estão em sintonia com toda a organização.

Quando uma alteração é feita em um produto, ela precisa atravessar todas essas burocracias e controles através de toda empresa — desde a contratação do recurso que desenvolverá a alteração até as aprovações de designs, decisões de marketing, pagamento de fornecedores etc.

A ideia do modelo baseado em squads é manter os times organizados por produtos, ou até funcionalidades de um produto. O conceito foi popularizado pelo Spotify e hoje é adotado por companhias de todos os tamanhos.

Nesse modelo, uma funcionalidade de produto mantém em sua equipe todos os profissionais necessários para que isso aconteça.

Quando falamos de software, geralmente um squad inclui:

- Gerente de produto (product manager).

- Responsável pelo produto (product owner).

- Analista de negócios (business analyst).

- Designer (UX).

- Desenvolvedores (Front End & Back End).

- Analista de testes (quality analyst/QA).

- Analista de infraestrutura (DevOPS).

Já quando falamos de marketing, um squad pode incluir:

- Gerente de marketing.
- Gerente de projetos.
- Mídia.
- SEO.
- Redator (copywriter).
- Designer.
- Desenvolvedor web.
- Analista de dados (analytics).

Você pode criar squads em qualquer área da empresa ou misturando áreas diferentes — tudo que for necessário para diminuir a fricção entre as áreas, eliminar burocracias e entregar as novidades e melhorias da forma mais ágil possível.

Normalmente, uma infraestrutura baseada em squads requer uma maior quantidade de pessoas, ocasionando um maior custo operacional. Porém, a agilidade nos negócios permite que a empresa conquiste mercado, cresça logo, inove constantemente, supere concorrentes e consolide uma posição de liderança.

Fazer mais com o mínimo de custos nos negócios é uma posição defensiva que muitas empresas adotam ao chegar no topo. Porém, o modelo de squads torna a empresa tão produtiva que, em pouco tempo, uma pequena startup pode ocupar um lugar de destaque no mercado.

É assim que gigantes caem e novos players vão de desconhecidos a líderes tão rapidamente.

Para manter a troca e o aprendizado entre as pessoas na empresa, o modelo organizacional baseado em squads inclui outros conceitos, como os ilustrados a seguir.

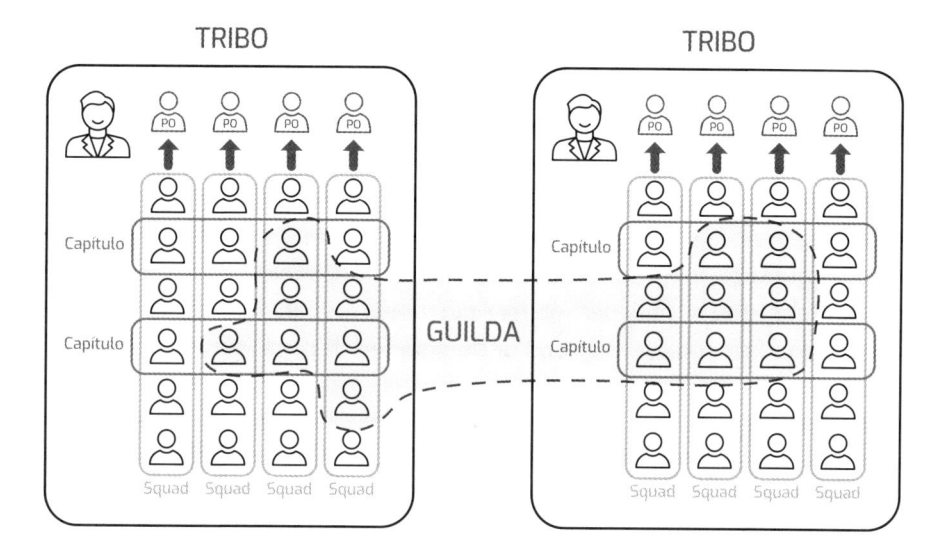

Capítulo
Todos os profissionais com a mesma função. Por exemplo, todos os desenvolvedores de software fazem parte do mesmo capítulo.

Dentro do capítulo, os profissionais discutem boas práticas da área e contribuem para o crescimento daquela função dentro da empresa.

Tribo

Grupo de squads com objetivos similares, em geral uma tribo é responsável por um produto e cada squad, por uma funcionalidade daquele produto.

Também é possível ter uma tribo responsável por uma área de negócio e cada squad por um produto específico daquela área.

Guilda

Uma guilda é composta de pessoas com um interesse em comum, mas que não requer encontros tão frequentes como os squads, capítulos ou tribos.

Por exemplo, a empresa pode ter uma guilda para discutir problemas de segurança do produto. Quando ocorrer um evento relacionado a segurança, ou essa expertise for necessária, especialistas de diferentes squads, capítulos e tribos podem se reunir para tomar decisões.

Backlog

Para facilitar o trabalho de uma equipe ágil, é costume manter uma lista priorizada de pendências disponível o tempo todo. Essa lista é chamada de backlog.

É importante o backlog estar constantemente revisado e priorizado esperando o próximo ciclo de trabalho de um squad. Um item no backlog deve conter todos os detalhes necessários para a resolução, desenvolvimento ou execução daquela pendência.

O backlog é priorizado pelo product owner e o product manager.

O product owner é o responsável técnico do produto e vai liderar o squad para entregar as pendências de acordo com a visão da empresa.

O product manager (gerente de produto) é o responsável de negócios do produto, ele está continuamente em contato com os clientes, definindo as melhorias necessárias para retenção e crescimento. Por outro lado, esse papel pode ser desempenhado pelo product marketing manager (gerente de marketing de produto).

Quando backlog é de outra área diferente de desenvolvimento de produtos, esses papéis podem ser desempenhados por um gerente de projetos e/ou pelo gerente da área.

Scrum

O Scrum é um dos frameworks de gerenciamento de projetos ágeis mais utilizados em todo o mundo. Seu nome vem de um movimento de reposição de bola no rugby, em que todos os jogadores de um time se unem para ganhar a posse da bola.

O Scrum possui processos pensados para que o time trabalhe junto, no mesmo ritmo, com os mesmos objetivos. Para entender como funciona, vamos aprender alguns dos seus conceitos.

Scrum Master

O Scrum Master é o facilitador que se certifica de que o time está seguindo as práticas do Scrum e ajuda a resolver os impedimentos que a equipe possa enfrentar.

Um único Scrum Master pode apoiar vários squads.

Em empresas mais enxutas, o papel do Scrum Master pode ser exercido pelo product owner ou ainda pelo gerente de projetos.

Sprint

O Sprint é o ciclo de desenvolvimento de uma equipe ágil no Scrum. Ele começa com um Sprint Planning, no qual define-se quais itens do backlog geral serão tratados na próxima sprint. Esses itens selecionados compõem o Sprint Backlog, que representa o plano de trabalho para a próxima sprint com o objetivo de entregá-los no prazo e com qualidade.

Durante o sprint, a equipe se reúne diariamente no Daily Scrum, uma reunião rápida de até dez minutos, na qual os membros do time sincronizam suas atividades e planejam o trabalho do dia.

Em geral, um Sprint compreende de uma a duas semanas, e o planejamento consome uma hora para cada semana de trabalho. Se precisar de mais tempo para planejar, é provável que a pendência no backlog ainda não esteja claramente definida.

Review e Retrospective

Uma Sprint Review é uma reunião de revisão que ocorre ao final do sprint. Ela reúne todos os interessados nas pendências entregues naquela sprint. O product owner vai explicar o que foi finalizado com sucesso e o que não foi finalizado ao longo da Sprint.

Nesta reunião, a equipe discute o que deu certo durante a Sprint, o que não deu e como os problemas foram resolvidos. A equipe apresenta o trabalho finalizado para todos os interessados e responde a perguntas.

Em seguida, vem a Sprint Retrospective. Esta é uma reunião de reflexão sobre o processo, na qual a equipe busca maneiras de melhorar o seu desempenho e eficácia. Nessa reunião participam apenas os integrantes do squad. Eles discutem sobre o processo de trabalho e identificam maneiras para melhorar o próximo Sprint.

Em geral, cada uma das reuniões de Review e Retrospective duram uma hora para cada semana de trabalho e contêm informações importantes para a próxima reunião de planejamento de Sprint.

Kanban

O Kanban é uma das abordagens de gerenciamento de projetos ágeis mais adotadas em todo o mundo. O termo "Kanban", originário do japonês, significa literalmente "placa de sinalização". Foi desenvolvido como um método de gestão de inventário e trabalho em andamento na indústria automotiva japonesa.

A metodologia Kanban é projetada para permitir que as equipes trabalhem juntas de maneira mais eficaz. Para entender como funciona, vamos explorar alguns de seus conceitos fundamentais adiante.

Kanban Board (Quadro Kanban)

Um Kanban Board é um quadro visual que facilita o gerenciamento do fluxo de trabalho. Pode ser tão simples quanto um quadro branco com notas adesivas ou um quadro digital em um software de gerenciamento de projetos.

O Kanban Board é dividido em várias colunas, cada uma representando uma fase diferente do processo de trabalho. O número de colunas e seus nomes podem variar dependendo do projeto, mas uma configuração comum inclui: "Pendente", "Em andamento", "Revisão" e "Feito".

Quadro Kanban

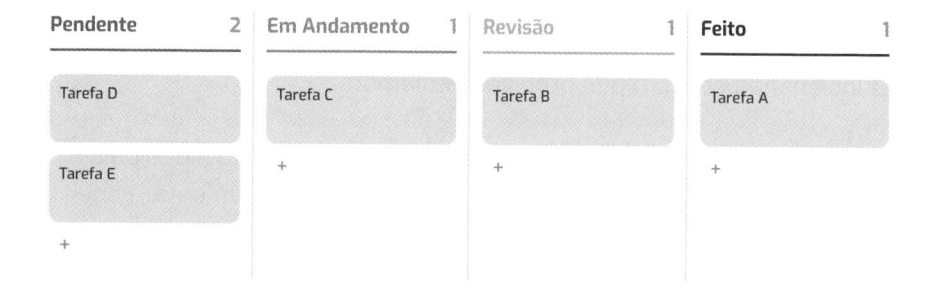

Pendente 2	Em Andamento 1	Revisão 1	Feito 1
Tarefa D	Tarefa C	Tarefa B	Tarefa A
Tarefa E	+	+	+
+			

Work in progress limit (limite de trabalho em andamento)

O limite de trabalho em andamento (work in progress limit, ou WIP limit) é uma das características mais distintas do Kanban. Cada fase do processo de trabalho tem um número máximo de tarefas que podem estar em andamento ao mesmo tempo.

Esse limite é estabelecido para prevenir a sobrecarga de trabalho e garantir que a equipe esteja focada na conclusão das tarefas pendentes. Se uma fase atinge seu limite WIP, a equipe precisa parar de iniciar novas tarefas e concentrar-se em finalizar as tarefas já em andamento.

Pull system (sistema de puxar)

Contrapondo-se ao método tradicional de designar tarefas, o sistema de puxar propõe que os membros da equipe "puxem" novas tarefas do backlog quando estiverem prontos para iniciar um novo trabalho.

Essa abordagem promove o autogerenciamento da equipe e melhora a eficiência no fluxo de trabalho, pois cada membro da equipe se compromete com uma nova tarefa somente quando consegue dar a devida atenção a ela.

Fluxo e feedback

Em Kanban, é importante monitorar e analisar o fluxo de trabalho para identificar gargalos e melhorar continuamente o processo. A equipe deve realizar reuniões regulares de feedback para discutir o que está funcionando bem e o que precisa ser melhorado.

Essas reuniões de feedback são uma oportunidade para a equipe se comunicar e resolver quaisquer problemas que possam estar impedindo o progresso. Cada reunião de feedback deve fornecer insights valiosos para melhorar o próximo ciclo de trabalho.

Em geral, o Kanban é menos prescritivo do que o Scrum, permitindo maior flexibilidade. Em vez de trabalhar em Sprints fixas, o trabalho flui continuamente com o Kanban, permitindo que a equipe responda de forma rápida às mudanças.

Lean

Outra metodologia de gestão ágil que possui destaque internacional é o Lean. O nome, do inglês "enxuto", é um legado do Sistema Toyota de Produção, reconhecido por sua eficiência otimizada.

Incorporando princípios e técnicas que incentivam o trabalho colaborativo e efetivo da equipe, o Lean se destaca por sua produtividade eficiente e sua orientação para o cliente. Adiante vamos desvendar alguns de seus conceitos principais.

Valor para o cliente

Cada atividade, cada processo é avaliado com base em quanto valor está gerando para o cliente. Esse valor pode ser definido de várias maneiras, como qualidade, velocidade, flexibilidade, preço ou inovação. O objetivo é garantir que cada ação realizada seja significativa e valiosa para o cliente.

As decisões são feitas com o cliente em mente, sempre perguntando "o cliente vai perceber o valor disso?" Nem sempre o que a empresa acredita que gera valor é de fato algo que tem valor percebido pelo cliente. Essa reflexão pode mudar toda a priorização de atividades de uma equipe.

Eliminação de desperdício

Uma das principais prioridades na cultura Lean é a constante busca pela eliminação de desperdícios. Desperdício, neste contexto, pode ser qualquer atividade que não agregue valor para o cliente. Isso pode incluir tarefas desnecessárias, atrasos, defeitos e assim por diante.

A ideia é que, ao eliminar essas atividades não produtivas, a equipe pode focar mais aquilo que realmente importa: criar valor para o cliente.

Fluxo de valor

Para entender verdadeiramente como o valor é criado e entregue ao cliente, o Lean introduz a ideia do fluxo de valor. Este trata-se de uma representação visual que mapeia todas as atividades envolvidas no processo, desde a concepção inicial até a entrega final ao cliente.

O objetivo é identificar qualquer passo que não agregue valor — seja um atraso, seja tarefa redundante, seja recurso mal aproveitado — e, em seguida, trabalhar para eliminar ou minimizar essas ineficiências.

A otimização do fluxo de valor permite que a empresa forneça produtos ou serviços de maior qualidade, de maneira mais rápida e com menos desperdício.

Lean Coach

O Lean Coach é um facilitador responsável por assegurar a aderência da equipe às práticas do Lean e eliminar possíveis obstáculos. Embora uma única figura de Lean Coach possa amparar múltiplas equipes, em ambientes mais enxutos, esse papel pode ser assumido pelo líder do time ou mesmo pelo gerente de projetos.

Ciclo PDCA

Central na dinâmica Lean, temos o Ciclo PDCA (Plan, Do, Check, Act).

- Essa abordagem contínua de desenvolvimento tem início com a etapa de **Planejamento (Plan)**, na qual os problemas a serem solucionados são definidos, bem como as estratégias para solucioná-los.

- Em seguida temos a fase de **Fazer (Do)**, na qual as soluções planejadas são postas em prática.

- O estágio de **Verificação (Check)** permite que a equipe observe os resultados de suas ações e verifique a progressão em direção aos objetivos.

- Se necessário, ajustes são feitos na fase de **Ação (Act)**.

Diferentemente de outros ciclos, o PDCA é um processo em constante movimento, sem prazo definido, requerendo o monitoramento constante e ajustes da equipe.

Revisão e Kaizen

Dentro do contexto Lean, a revisão é um procedimento recorrente em que a equipe avalia o progresso rumo aos objetivos estabelecidos. Nesse momento, o Lean Coach detalha o que foi atingido e o que ainda precisa ser melhorado durante o ciclo PDCA.

Durante a revisão, a equipe tem a chance de compartilhar as práticas que funcionaram, as que falharam e como os desafios foram superados. Os resultados são então apresentados para todos os interessados, abrindo espaço para perguntas e esclarecimentos.

Segue-se a fase do Kaizen, ou Melhoria Contínua, momento de reflexão e busca por aprimoramento constante. Aqui, a equipe se dedica a encontrar meios de ampliar a eficiência e eficácia, aprofundando-se no processo de trabalho e procurando aprimorar o próximo ciclo PDCA.

As reuniões de revisão e Kaizen são regulares e essenciais para garantir que a equipe continue em movimento, sempre rumo à melhoria.

Combinando metodologias ágeis (Scrumban)

Após entender como funciona Scrum, Kanban e Lean de forma individual, uma ideia muito comum é pensar em combinar essas metodologias. Existe inclusive uma metodologia conhecida como Scrumban, que procura reunir os aspectos mais úteis de cada metodologia, criando um sistema híbrido adaptável que pode oferecer o melhor dos dois mundos.

O Scrumban é particularmente útil para equipes que já estão familiarizadas com Scrum ou Kanban e desejam combinar os pontos fortes desses dois métodos. A natureza híbrida do Scrumban permite que as equipes aproveitem a estrutura e as cerimônias do Scrum, bem como a flexibilidade e a visibilidade do Kanban. Tudo isso ainda pode ser aliado à ênfase do Lean na melhoria contínua e na eliminação de desperdícios.

Imagine uma equipe de desenvolvimento de software que trabalha em um ambiente com constantes mudanças de prioridades devido a demandas emergentes do mercado. O Scrum, com sua rigidez, pode complicar a introdução de novas tarefas no sprint; enquanto o Kanban, apesar de sua flexibilidade, pode não fornecer a estrutura necessária para a produtividade da equipe. Nesse cenário, o Scrumban se destaca como solução perfeita, combinando a estrutura do Scrum e a adaptabilidade do Kanban, permitindo um fluxo de trabalho contínuo e bem organizado.

Para entender melhor como essas metodologias se sobrepõem e interagem, a tabela a seguir apresenta uma visão abrangente das características das metodologias ágeis Scrum, Kanban, Scrumban e Lean:

Características	Scrum	Kanban	Scrumban	Lean
Trabalho em equipe colaborativo	✓	✓	✓	✓
Quadro visual de gerenciamento (Board)	✓	✓	✓	✓
Fluxo de trabalho contínuo		✓	✓	✓
Ciclos de desenvolvimento (Sprints)	✓		✓	
Reuniões diárias (Daily Standups)	✓		✓	
Revisão e Retrospectiva no final do ciclo	✓		✓	
Priorização de tarefas	✓	✓	✓	✓
Papel de facilitador (Scrum Master / Lean Coach)	✓		✓	✓
Sistema Pull para movimentação de tarefas	✓	✓	✓	✓
WIP - Limite de Trabalho em Andamento		✓	✓	✓
Abandono de estimativas de tempo		✓	✓	✓
Definição da capacidade do time por fase		✓	✓	✓
Foco na eliminação de desperdícios			✓	✓
Ciclo PDCA (Plan, Do, Check, Act)			✓	✓
Melhoria Contínua (Kaizen)	✓	✓	✓	✓

Growth Hacking

Nas empresas digitais não existem mais as áreas de marketing, vendas e atendimento ao consumidor separadas, existe a área de crescimento (Growth).

Growth Hacking é o uso de tecnologia para acelerar o crescimento das empresas, tornando o trabalho de marketing, vendas e atendimento mais integrado e eficiente.

O conceito de Growth Hacking surgiu em 2010, quando Sean Ellis, empreendedor, investidor anjo e conselheiro de startups, cunhou o termo. Sean usou "Growth Hacker" para descrever um novo tipo de profissional necessário, alguém cujo foco e objetivo seria o crescimento.

No design thinking, fazemos testes até encontrar a solução ideal para um problema; no Lean Canvas, até encontrar o modelo de negócios ideal para comercializar essa solução; e, no Growth Hacking, até encontrar o modelo ideal para o crescimento da empresa dentro desse modelo de negócios. Assim como no design thinking e no Lean Canvas, testar é um dos pilares da mentalidade de crescimento (Growth mindset).

Uma estratégia de Growth visa conquistar diferentes perfis de público por meio de diferentes canais para vender as soluções da empresa, fidelizar esses clientes e deixá-los satisfeitos a ponto de recomendar a empresa para seus parentes e amigos.

Casos de sucesso: Hotmail e Dropbox

Antes de avançarmos, vamos examinar dois casos que ilustram muito bem do que o Growth Hacking é capaz: Hotmail e Dropbox.

Embora a terminologia "Growth Hacking" ainda não fosse usada na época, o Hotmail forneceu o primeiro exemplo conhecido de crescimento por meio dessa metodologia. Lançado em 1996, o Hotmail incorporou uma estratégia simples, mas eficiente: a inclusão de uma frase no final de cada e-mail enviado que dizia "Get your free e-mail at Hotmail". Essa abordagem viral levou a um crescimento explosivo, que gerou ao Hotmail um acúmulo de cerca de 12 milhões de usuários em um ano e meio, culminando em sua aquisição pela Microsoft.

Um dos exemplos mais notáveis do uso efetivo do Growth Hacking é o Dropbox. Em vez de depender de métodos publicitários tradicionais, o Dropbox criou um programa de referência que recompensava os usuários com armazenamento extra gratuito para cada novo usuário que trouxessem. Como resultado, o Dropbox viu um crescimento de 100 mil usuários em 2008 para mais de 4 milhões em 2010.

Princípios do Growth Hacking

Implantar o Growth Hacking exige a absorção de princípios fundamentais que orientam todo o processo. Esses princípios servem como guias, alimentando a busca incessante pelo crescimento.

- **Seja criativo**: Growth Hacking é sinônimo de inovação e criatividade, encontrando novas maneiras de atingir e envolver clientes.

- **Seja curioso**: O desejo de aprender e explorar deve ser uma constante. Pergunte, explore e busque sempre a melhoria contínua por meio de novos conhecimentos, metodologias e tecnologias.

- **Seja empático**: Entender e sentir o que seus clientes estão passando é essencial para criar soluções que realmente os engajem.

- **Seja perspicaz**: Identifique tendências e padrões em dados e comportamentos para encontrar oportunidades de crescimento.

- **Seja lógico:** A tomada de decisões deve ser orientada por dados, garantindo que cada ação seja calculada e intencional.

- **Seja resiliente**: Experimentos podem falhar, mas cada falha é uma oportunidade de aprendizado e crescimento.

- **Mantenha a integridade**: Seja honesto e transparente em todas as ações. Crescimento a qualquer custo não é sustentável.

- **Aperfeiçoe a sua comunicação**: Palavras importam. A maneira como você se comunica com seus clientes pode fazer a diferença entre o engajamento e o desinteresse.

- **Confie no método científico**: Hipótese, experimentação, avaliação, aprendizado e repetição — essa é a base de todas as ações de Growth Hacking.

- **Passe tempo se conectando**: Construir relações e se conectar com outros profissionais ajuda a expandir a perspectiva e a trocar ideias valiosas.

Papéis do Growth Hacking

Apesar de muita gente dizer o contrário, não existe um Growth Hacker, o Growth Hacking não é um papel, mas sim uma mentalidade. No entanto, para implementar essa mentalidade de maneira eficaz, uma equipe precisará de profissionais com uma variedade de habilidades e competências.

- **Profissionais de dados**: São os mestres da estatística. Eles mergulham nos dados, extraindo insights que orientam a tomada de decisões e direcionam os esforços de crescimento.

- **Especialistas em comportamento e UX**: Eles compreendem os clientes. Estudam o comportamento do usuário para aprimorar a experiência do produto e maximizar o engajamento.

- **Profissionais de automação e desenvolvimento**: Eles são os construtores. Criam e otimizam processos, implementando soluções tecnológicas que aumentam a eficiência e a eficácia das iniciativas de crescimento.

- **Profissionais de criatividade e marketing**: São os contadores de histórias. Eles moldam a narrativa da marca e engajam o público por meio de mensagens e campanhas criativas.

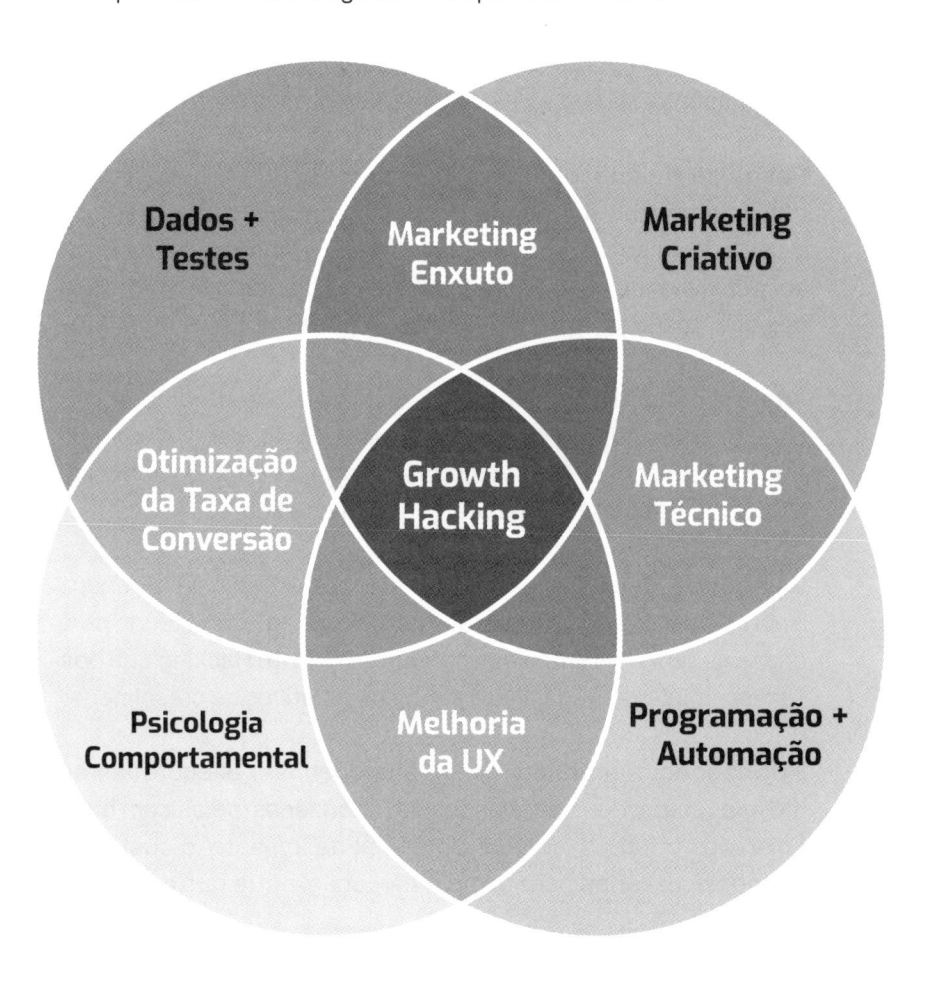

Dados + Testes

Marketing Enxuto

Marketing Criativo

Otimização da Taxa de Conversão

Growth Hacking

Marketing Técnico

Psicologia Comportamental

Melhoria da UX

Programação + Automação

O ciclo de aprendizado do Growth Hacking

Vamos conhecer um dos elementos mais essenciais do Growth Hacking: o ciclo de aprendizado. Este ciclo incorpora uma série de fases que permitem desenvolver, testar e aperfeiçoar continuamente as estratégias de crescimento.

- **Análise de dados**: O ciclo começa com a análise de dados, na qual os profissionais de dados mergulham nos números para identificar tendências, padrões e oportunidades. Esta fase envolve o uso de ferramentas de análise de dados para obter insights e informações valiosas que podem orientar as decisões futuras.

- **Pesquisa do consumidor**: Em seguida, ocorre a pesquisa do consumidor, que foca em entender as necessidades, desejos e comportamentos dos consumidores. A empatia desempenha um papel significativo nesta fase, pois a compreensão profunda dos clientes ajuda a criar soluções que realmente os engajem.

- **Análise competitiva**: Aqui é feita uma análise detalhada dos concorrentes, identificando suas estratégias, pontos fortes e fracos. Este conhecimento ajuda a identificar oportunidades de se destacar e oferecer valor único para os clientes.

- **Geração de ideias**: Depois de coletar todos esses insights, chega a hora de ser criativo. Na geração de ideias, a equipe se reúne para criar e sugerir diferentes estratégias de Growth Hacking que possam ser implementadas para atingir os objetivos de crescimento.

- **Priorização**: Nem todas as ideias podem ser executadas ao mesmo tempo. Por isso, é essencial priorizar as ideias com base em vários critérios, como o potencial de impacto, o custo e o tempo necessários para a implementação, entre outros.

- **Experimentação**: Uma vez que as ideias sejam priorizadas, a fase de experimentação começa. Aqui, as ideias selecionadas são testadas no mundo real. Lembre-se de que a resiliência é fundamental nesta fase, pois nem todos os experimentos terão sucesso.

- **Aprendizado**: Por fim, vem o aprendizado. Independentemente do resultado dos experimentos, cada um deles proporciona um aprendizado valioso que pode ser usado para aperfeiçoar estratégias futuras.

Ao final do aprendizado você inicia um novo ciclo, mergulhando novamente nos dados. A cada ciclo que passa, você se torna mais apto a identificar e aproveitar as oportunidades de crescimento que se apresentam nos dados.

Funil Pirata

O processo para desenhar táticas bem sucedidas de Growth usa como base o funil pirata: Alcance, Aquisição, Ativação, Retenção, Receita e Recomendação.

Funil Pirata

- Alcance
- Aquisição — Marketing
- Ativação
- Retenção — Growth Hacking
- Receita
- Recomendação

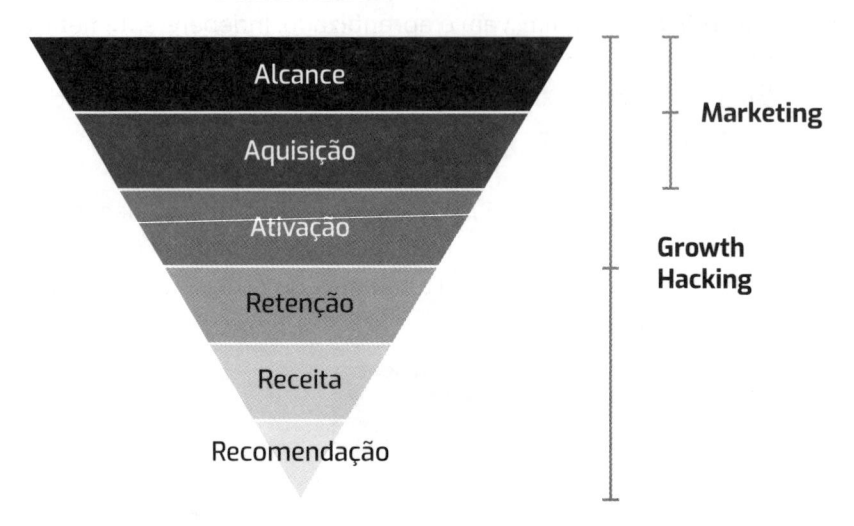

Ele é chamado de Funil Pirata porque suas iniciais formam a sigla AAARRR (que, segundo os desenhos animados, é uma expressão usada comumente pelos piratas).

Vamos entender cada uma de suas fases a seguir.

Alcance
Nesta fase você trabalhará canais e táticas para alcançar potenciais consumidores, em geral medimos esse alcance em visualizações.

Aquisição
Aqui você ativará táticas nos canais para coletar dados dos clientes, em geral medimos a aquisição em leads ou downloads.

Ativação
Ativar significa usar táticas nos leads para convertê-los em suspects (leads qualificados) ou usuários (no caso de aplicativos).

Retenção
Quando falamos de um aplicativo, é aqui que trabalhamos para que o usuário continue usando o aplicativo regularmente.

Para outros tipos de produtos ou serviços, é nesta fase que trabalhamos para que o cliente continue contratando novos produtos ou serviços, seja por um modelo de assinatura, seja por upselling (venda de novos produtos para quem já é cliente).

Receita
Em aplicativos, é comum o usuário utilizar uma versão gratuita (fremium) e, depois de fidelizado (retenção), decidir pagar por serviços premium. Somente neste momento ele gera receita para a empresa.

Em outros tipos de produtos ou serviços, essa fase do funil vem antes da retenção.

Em ambos os casos é a fase em que convencemos o cliente de que vale a pena investir em nossa solução.

Recomendação
Em uma estratégia de Growth, não basta deixar o cliente satisfeito o suficiente para não cancelar, é importante que ele indique a empresa para seus contatos.

Essa recomendação pode ocorrer de forma estimulada (estratégias de comunicação e programas member-get-member) ou de forma natural (com um serviço tão encantador que ele fale espontaneamente da empresa). O ideal é combinar os dois tipos de táticas.

O Growth entende que a melhor propaganda é um cliente satisfeito, e que não adianta fazer um investimento enorme para conquistar o cliente e depois deixá-lo escapar entre os dedos.

Métricas de Growth

É preciso medir todas as táticas de crescimento utilizadas para ter certeza de que você está obtendo os melhores resultados. A seguir segue uma explicação resumida das principais métricas de Growth.

Custo de Aquisição de Clientes (CAC)

É o valor que gastamos no marketing e vendas para converter uma visualização em cliente. Aqui entra todo o gasto de mídia, produção de conteúdo, equipe e ferramentas de marketing e vendas. Some o gasto de um mês e divida pelos clientes conquistados por meio do esforço daquele mês: este é o seu CAC.

Para otimizar o seu CAC, é importante saber atribuir a origem de cada cliente. Sabendo de que canal ele veio, você consegue medir o CAC por canal; sabendo qual foi a ação que trouxe aquele cliente, é possível medir o CAC para cada tática; entendendo o CAC de todos os seus esforços, você pode aumentar ou diminuir o investimento em cada um deles, a fim de baixar os seus custos e/ou aumentar a sua captação.

Em alguns momentos, uma startup pode decidir trabalhar com um CAC que gere prejuízo de modo a conquistar mercado como vantagem competitiva. Porém, é importante entender como esse problema será resolvido no futuro.

Nem sempre uma visualização se converte em cliente dentro do mesmo mês, o que torna o cálculo do CAC mais complexo. Porém, é importante ter o mapeamento correto de em qual ponto foi feito o esforço, o custo desse esforço e o resultado que ele gerou, para medir corretamente o CAC.

LifeTime Value (LTV)

É o valor que o cliente gasta com a empresa durante todo o tempo que ele permanece fidelizado. Em um serviço de assinatura, é **necessário** ter uma estimativa de quantos meses ele permanece cliente para calcular o LifeTime Value.

Em uma estratégia de produtos ou serviços pagos uma única vez, o LTV é o valor do ticket desse cliente. Nesse modelo, é preciso ter uma estimativa do ticket desse cliente ao longo do tempo e estimar quantas vezes ele retorna para comprar sem um novo esforço de marketing, para calcular o LTV.

Net Promoter Score (NPS)

O NPS é um indicador que mede a probabilidade de um cliente recomendar você para outras pessoas. Funciona da seguinte maneira:

periodicamente (ou ao final de uma compra ou prestação de serviço), você pergunta ao cliente "De zero a dez, qual a chance de recomendar *nossa empresa, produto ou serviço* a um amigo?".

Os clientes que responderem 9 ou 10 são considerados promotores, estão felizes e provavelmente vão recomendar de forma espontânea.

Os clientes que responderem de 0 a 6 são considerados detratores e provavelmente vão falar mal de você por aí.

Os clientes que responderem 7 ou 8 são considerados neutros, eles gostaram do serviço, não vão falar mal, mas não vão recomendar sem ressalvas.

Para calcular o NPS, use a seguinte fórmula:

(Promotores - Detratores) / Total de Respondentes x 100

O resultado será um número de -100 (todos os seus clientes são detratores) a +100 (todos os seus clientes são promotores).

Para fins de referência, os resultados podem ser interpretados de acordo com as seguintes faixas.

- **Excelente**: NPS de 75 a 100
  Você provavelmente é um líder no seu setor!

- **Bom**: NPS de 50 a 74
  Sua empresa está indo muito bem, continue no caminho da busca por excelência.

- **Razoável**: NPS de 0 a 49
  A maioria dos seus clientes estão satisfeitos, mas você tem vários problemas que precisam ser tratados rapidamente, antes que seu negócio fique comprometido.

- **Ruim**: NPS de -100 a -1
  Sua empresa está em uma péssima situação, medidas extremas e urgentes precisam ser adotadas imediatamente.

Para avaliar o NPS de forma mais precisa, é necessário conhecer qual é o NPS do segmento de mercado em que a empresa atua.

Em um segmento em que todas as empresas têm NPS negativo, por exemplo, se você tiver um NPS 0, pode obter a liderança e fôlego para melhorar sem o risco de perder os clientes para a concorrência.

A consultoria Bain, criadora do conceito do NPS, possui um serviço chamado NPS Prism, em que você pode consultar NPS de diversos setores e receber orientações sobre como melhorar a experiência do seu cliente.

Como nasce um "hack" de Growth?

Existem muitas fórmulas e receitas para vender em artigos e vídeos sobre Growth Hacking. Infelizmente, quando essas táticas se tornam populares, elas acabam perdendo o efeito sobre o consumidor.

Veja por exemplo os webinars online: antes atraiam facilmente centenas ou milhares de pessoas, mas, com a popularização, as pessoas começaram a se dividir entre milhares de webinars e muitas até se cansaram do formato.

Hackear significa utilizar algo para um propósito diferente do que foi planejado originalmente.

Por exemplo, quando você tira fotos da lousa para não ter de copiar o que foi escrito, isso é um hack. O celular não foi pensado para copiar conteúdos e a lousa foi pensada para você copiar, e não fotografar, mas, ao usar os dois juntos de uma forma simples e criativa, você tornou a sua vida mais fácil.

Talvez já tenha ouvido falar de hacks e hackers no contexto de tecnologia. Conseguir acessar um sistema sem senha é um hack, uma vez que ele não foi projetado para ser usado assim. Por conta de hacks desse tipo, que dão acesso indevido a informações e permitem outros tipos de infrações e crimes, é que o termo hacker ficou associado ao crime.

Você pode, e deve, hackear suas táticas de marketing de forma criativa para atrair (mas sem enganar) o consumidor.

Podemos dizer que um hack requer três passos:

1. Conhecer bem o seu público-alvo, suas necessidades e seus comportamentos.

2. Conhecer os canais que esse público utiliza, tanto do ponto de vista tecnológico quanto sociológico. Do lado técnico, conheça os recursos e as configurações a fundo. Do lado social, entenda os comportamentos que aquele canal influencia, para manter as pessoas mais tempo em sua plataforma.

3. Descobrir como a empresa atende as necessidades do consumidor por meio dos mecanismos tecnológicos e sociais das plataformas.

Cada vez que você descobrir como alinhar os interesses das pessoas, das plataformas e da sua empresa, terá descoberto um novo hack de Growth (crescimento).

Desafios da transição para a agilidade

Passar de uma empresa tradicional para uma empresa ágil é uma jornada que requer um compromisso sério. É muito mais do que simplesmente adotar novas ferramentas ou processos, é sobre mudar a mentalidade e a cultura da organização. Esse processo, porém, é repleto de desafios.

Resistência cultural: O desafio mais complexo que as empresas enfrentam é a resistência cultural. Cada organização possui sua própria cultura, que é uma combinação de valores, comportamentos e crenças que definem como a empresa opera. Ao introduzir a agilidade, algumas dessas crenças podem ser desafiadas, gerando resistência. Essa resistência pode vir de qualquer nível da empresa, desde a liderança sênior até a equipe de trabalho.

Treinamento e desenvolvimento de habilidades: Adotar a agilidade significa que muitos na organização terão que aprender novas habilidades. Estas podem variar desde habilidades técnicas, como aprender a trabalhar com novas ferramentas e técnicas, até habilidades mais suaves, como comunicação, colaboração e liderança.

Necessidade de uma liderança de suporte: Para que a transição para a agilidade seja bem-sucedida, é preciso que a liderança esteja engajada e disposta a apoiar a mudança. Isso significa que a liderança precisa estar disposta a abandonar antigos hábitos e formas de pensar e abraçar uma nova maneira de trabalhar. A liderança deve estar disposta a ser um modelo para a nova cultura ágil e a defender a mudança mesmo quando surgem desafios.

Diversidade de interpretações da agilidade: Outro desafio é a diversidade de interpretações sobre o que é a agilidade. Algumas pessoas podem acreditar que ser ágil é apenas sobre ser mais rápido, enquanto outros podem acreditar que é sobre ser mais flexível. Isso pode levar a confusão e conflitos à medida que a empresa tenta adotar a agilidade.

Integração entre departamentos: Em uma organização tradicional, cada departamento pode funcionar de forma isolada, com pouco contato com os outros. Isso pode dificultar a agilidade, já que esta requer colaboração e comunicação constantes entre equipes e departamentos.

Medo do desconhecido: A mudança pode ser assustadora, especialmente se as pessoas não entenderem o que significa para elas. Por isso, é essencial que a organização invista tempo e esforço na comunicação e no treinamento durante a transição.

A transição para a agilidade é uma jornada que pode ser difícil e desafiadora. Apesar desses desafios, a agilidade traz benefícios significativos para as empresas, permitindo-lhes ser mais responsivas, inovadoras e eficientes em um mundo de negócios cada vez mais complexo e volátil.

LIDERANÇA DIGITAL

Depois de mergulhar em um mar de buzzwords, de ser soterrado por uma avalanche de dados e sobreviver à tempestade global da pandemia, quais são as características do novo líder digital forjado pelo mercado mais competitivo que esse planeta já teve?

Há uma frase atribuída a Franklin Roosevelt que diz: "um mar calmo nunca fez um marinheiro habilidoso".

Quando grandes dificuldades se colocam no caminho de um líder, ele percebe a necessidade de habilidades específicas que não são necessárias quando o céu está limpo e o mar está calmo.

Quais são as habilidades necessárias para enfrentar os desafios atuais?

Estilos de Liderança

Compreender as características, vantagens e desvantagens de cada um dos estilos permite ao líder escolher a abordagem mais adequada para cada situação. Para referência, veja a seguir diferentes estilos e suas características.

Estilo	Característica	Vantagem	Desvantagem
Autocrático	Centralizador	Controle	Conflitos
Liberal	Liberdade	Motivação	Produtividade
Democrático	Equipe	Interatividade	Lentidão
Situacional	Flexibilidade	Adequação	Confusão
Transformacional	Inspirador	Inovação	Dependência
Servidor	Altruísta	Lealdade	Dificuldade de delegação
Paternalista	Protetor	Segurança	Dependência
Visionário	Orientado ao futuro	Foco na visão	Falta de detalhes
Coach	Orientado ao desenvolvimento	Crescimento dos funcionários	Tempo
Carismático	Inspirador	Admiração	Dependência
Burocrático	Regras e Normas	Previsibilidade	Resistência à mudança
Transacional	Orientado a resultados	Eficiência	Falta de criatividade

O líder digital sabe como combinar as vantagens desses estilos.

- **Controle e previsibilidade**: O estabelecimento de KPIs claros é vital para o controle. Cada membro da equipe precisa compreender as expectativas da empresa e como seu desempenho será avaliado. Esta abordagem cria previsibilidade, permitindo que a equipe opere eficientemente dentro de normas estabelecidas.

- **Motivação e inovação**: Um ambiente em que os membros da equipe têm a liberdade de trabalhar de acordo com suas preferências de horário e local incentiva a motivação. Esta abordagem, combinada com um espírito de inovação, permite que os indivíduos trabalhem sem microgerenciamento, incentivando-os a ir além dos limites tradicionais.

- **Interatividade e foco na visão**: A promoção da interação e da colaboração ao enfrentar problemas fortalece os laços da equipe. Ao mesmo tempo, a manutenção de um foco claro na visão geral da empresa garante que a equipe permaneça alinhada e evita a dispersão de esforços.

- **Adequação e crescimento**: Tratar cada membro da equipe de maneira única e orientada ao desenvolvimento é fundamental. O uso de dados ajuda a proporcionar oportunidades iguais a todos. Medir o desempenho de todos com os mesmos critérios permite identificar áreas de crescimento e promover o desenvolvimento de cada indivíduo.

- **Lealdade e eficiência**: Fomentar um ambiente de apoio e altruísmo conquista a lealdade da equipe. Complementar isso com uma orientação focada em resultados garante a eficiência e o alto rendimento da equipe.

Desafios da Liderança Digital

Os desafios enfrentados pelos líderes digitais são novos, complexos e mudam constantemente.

Os desafios mais comuns da liderança digital incluem:

- **Adaptação à transformação digital**: Com a tecnologia se infiltrando em todas as partes do negócio, líderes precisam se adaptar rapidamente para entender e implementar novas tecnologias, mantendo-se sempre à frente da curva.

- **Segurança cibernética**: O aumento da digitalização também aumenta a vulnerabilidade às ameaças cibernéticas. Os líderes devem garantir a segurança dos dados e da informação da empresa.

- **Gestão remota**: Com cada vez mais equipes trabalhando remotamente, os líderes precisam se adaptar para manter a comunicação, o engajamento e a produtividade dos funcionários.

- **Cultura organizacional**: Manter uma cultura organizacional saudável em um ambiente digital é um desafio significativo. Os líderes precisam criar um senso de pertencimento e propósito, mesmo quando a equipe está dispersa.

- **Desenvolvimento de novas habilidades**: A digitalização requer novas habilidades. Os líderes devem promover a aprendizagem contínua e o desenvolvimento de novas competências.

- **Rapidez na tomada de decisões**: O ritmo acelerado do mundo digital requer uma tomada de decisão mais rápida. Líderes digitais precisam ser ágeis e tomar decisões baseadas em dados.

Para lidar com esses desafios, o líder digital precisa aprender um conjunto bem específico de soft skills, que vamos estudar com mais profundidade neste livro.

Soft Skills

No dia a dia, um líder desempenha diversos papéis, entre eles o de gestor, mentor e facilitador da sua equipe. Espera-se que um líder inspire e guie as pessoas, além de desenvolver seus liderados e controlar os negócios.

Isso não muda com o líder digital, a diferença é que, para ser eficiente em todas essas vertentes, ele precisa dominar algumas habilidades comportamentais (soft skills).

A seguir vamos nos aprofundar nas principais habilidades que o líder digital precisa desenvolver.

Flexibilidade cognitiva

Em primeiro lugar, é importante que o líder digital se adapte rapidamente diante das constantes mudanças da transformação digital para conduzir a equipe na direção necessária. A soft skill que ele precisa para essa adaptação é a flexibilidade cognitiva.

O que é flexibilidade cognitiva?

É a capacidade de adaptação a um ambiente em constante mudança. Nesse caso, a explicação ao pé da letra dá a dica de como se adaptar: é preciso ser flexível na aquisição do conhecimento.

A cognição é uma função psicológica atuante na aquisição do conhecimento e se dá por meio de alguns processos, como percepção, atenção, associação, memória, raciocínio, juízo, imaginação, pensamento e linguagem.

Para ter flexibilidade de aprendizado, antes de mais nada, é preciso estar aberto a experimentar.

Exemplos de flexibilidade cognitiva:

- Testar diferentes caminhos para ir a um lugar.

- Testar diferentes métodos para resolver um problema.

- Analisar um problema de diferentes ângulos.

Aprendizado por meio da experimentação

Conheço muitas pessoas que resistem a utilizar um aplicativo para descobrir novos caminhos para ir ao trabalho ou visitar um parente. A resposta padrão é "eu já sei o caminho". Mas será que não vale o aprendizado desses novos aplicativos? Conhecer outros lugares? Experimentar diferentes métodos (carro particular, aplicativos, metrô, ônibus etc.).

Quando nos permitimos variar dentro da zona de conforto, nos preparamos para uma futura adaptação.

No exemplo do trajeto, seria necessário se adaptar caso seu caminho ou meio de transporte de costume fosse bloqueado ou suspenso. E, se você tivesse experimentado alternativas antes, quando esses eventos ocorressem, já saberia qual caminho seguir.

E na vida profissional? Existem pessoas que resistem a usar aplicativos novos, treinar pessoas novas, adotar novas metodologias, ajudar áreas diferentes da sua ou ainda fazer trabalhos fora do seu "job description". Fatalmente as mudanças acabam pegando essas pessoas desprevenidas.

Quem não desenvolve essa habilidade pode ficar preso em velhos padrões de pensamento e ação, tornando-se incapaz de se adaptar às novas circunstâncias ou aproveitar as oportunidades que surgem com as mudanças. No ambiente de negócios volátil de hoje, isso pode levar as pessoas à estagnação profissional e, para as empresas, pode representar a perda de competitividade.

Quando abrir espaço para experimentar?

Vale destacar que não estou dizendo que você deve experimentar tudo que vê pela frente. Antes pergunte-se:

- Você conhece alguma empresa ou pessoa que usou esse novo método ou aplicativo com sucesso?

- Essa solução ou tecnologia promete algo que pode fazer diferença no seu dia a dia sem um investimento proibitivo?

- Você está realmente ocupado demais para testar algo novo?

- Você acredita que já está fazendo seu trabalho da forma mais eficiente possível?

Estar preparado para fazer a mesma coisa de maneiras diferentes te ajudará a se adaptar cada vez mais rápido às mudanças que estão acontecendo.

Como saber se já dominei essa soft skill?

Você não precisa se forçar a fazer as coisas de um modo diferente todos os dias. Mas ter a segurança de que experimentou as demais opções e está aberto a continuar experimentando dará a você a tranquilidade para mudar sempre que necessário.

Para ter essa segurança, você tem que adotar uma vida de aprendizado contínuo (lifelong learning). Se vivemos em um mundo de constantes mudanças, é esperado que as mudanças afetem a maneira como fazemos tudo em nossas vidas na mesma velocidade.

Se você está mudando o tempo todo e sente que está melhorando, fazendo as coisas de forma mais ágil e com melhor qualidade, então está no caminho certo.

Pensamento crítico

"As coisas aqui sempre funcionaram dessa maneira". Quem nunca ouviu essa frase?

Essa frase é o "prego no caixão" que enterrará as empresas que se perderam do seu propósito original.

Toda empresa nasce com um propósito, desde as mais altruístas, que querem tornar o mundo melhor, até aquelas que veem o sucesso como a realização de um sonho. Seja qual for o motivo pelo qual a empresa nasceu, cada processo ali dentro tem um motivo claro e definido.

Se repetimos um processo sem entender o porquê de estarmos fazendo aquilo, certamente já perdemos nosso propósito.

Para não se perder, é fundamental ter pensamento crítico.

O que é pensamento crítico?

O pensamento crítico começou na Grécia Antiga com Sócrates, que desafiava os pensamentos e suposições predominantes na sociedade, empregando perguntas incisivas para desvendar os fundamentos e a lógica das ideias das pessoas.

Ao longo da história, o pensamento crítico evoluiu, sendo aprimorado por filósofos e acadêmicos e se tornando uma competência fundamental no mundo moderno, especialmente no ambiente empresarial em constante transformação.

Ter pensamento crítico envolve entender a conexão lógica entre ideias. É a capacidade de refletir e racionalizar de forma independente. Você se torna um aprendiz ativo, e não um destinatário passivo, de informações.

Pensadores críticos questionam rigorosamente ideias e suposições, em vez de aceitá-las porque "todo mundo faz" ou porque "sempre funcionou assim".

Não é questionar por pura rebeldia, não é questionar para causar caos ou confusão, é um interesse genuíno em entender o que está por trás de cada coisa, como elas funcionam e quais são seus objetivos.

Ao questionar, o pensador crítico pode encontrar possíveis melhorias em um processo ou modelo de negócio. Ele se torna um crítico construtivo, suas provocações se convertem na energia necessária para direcionar a inovação no sentido certo e trazer a empresa de volta ao seu propósito (ou até redefini-lo de acordo com os tempos atuais).

Como estruturar o pensamento crítico?

A melhor forma de estruturar seu pensamento crítico é aprender a questionar quando se deparar com uma ideia. Veja a seguir alguns exemplos de perguntas que podem lhe ajudar a compreender e racionalizar.

- **Quem disse isso?** Qual o background dessa pessoa? Ela é especialista no assunto? Já estudou, pesquisou ou trabalhou com isso?

- **O que foi dito?** Foram fatos ou opiniões? Os fatos vieram de onde? Se for uma opinião, ela é compartilhada com outros especialistas do mercado? Como os demais funcionários e consumidores encaram essa opinião?

- **Onde e quando foi dito?** Em que contexto isso foi dito? A pessoa estava pressionada de alguma maneira? Ela disse isso em um momento histórico com uma realidade diferente da qual a empresa vive hoje?

- **Por que foi dito?** Quando essa ideia foi apresentada, ela visava resolver algum problema específico? Qual era o objetivo com esse processo ou projeto? Quais as motivações por trás dessa ideia?

- **Como foi dito?** A ideia permite diferentes interpretações? Se ela fosse apresentada em outro formato (vídeo, texto, voz), produziria um impacto diferente? Se tivessem utilizado outro tom de voz, a ideia geraria outra percepção?

Elementos do pensamento crítico

Desenvolver pensamento crítico envolve desenvolver uma combinação de elementos vitais, entre eles podemos destacar os seguintes.

- **Clareza:** Entenda as ideias principais e os conceitos relacionados ao problema ou situação.

- **Precisão:** Verifique se as informações e argumentos que você usa são detalhados, exatos e corretos.

- **Relevância:** Pense na importância das informações e ideias em relação ao que você está tentando fazer ou entender.

- **Profundidade:** Explore as partes complicadas e detalhadas do problema ou situação.

- **Amplitude:** Leve em conta diferentes perspectivas e maneiras de lidar com o problema ou situação.

Habilidades do pensador crítico

Ao discutirmos as habilidades de um pensador crítico, podemos listar algumas de importância fundamental.

- **Análise**: Divida situações e problemas complicados em partes menores e mais fáceis de lidar.

- **Síntese**: Junte informações e ideias de diferentes lugares para ter uma compreensão melhor e mais completa.

- **Avaliação**: Verifique se as informações, argumentos e soluções sugeridos são de boa qualidade e verdadeiros.

- **Reflexão**: Pense sobre como você está pensando e se questione sobre as ideias básicas para melhorar a forma como pensa.

- **Comunicação**: Compartilhe suas ideias e argumentos de maneira clara, lógica e eficiente.

Quando usar o pensamento crítico?

Compreender o que acontece ao seu redor deve ser uma atividade constante. Porém, essa compreensão deve ser utilizada com certa cautela.

Após obter a compreensão profunda de uma ideia ou processo, o pensador crítico, combinando essa compreensão com outras habilidades técnicas ou comportamentais, pode ser capaz de propor melhorias objetivas em um processo ou questionar uma ideia com o objetivo de trazer melhor resultado para todos os envolvidos.

Você deve sempre se questionar: o que estou melhorando com a minha crítica? Estou apresentando alternativas ou direcionando pessoas para encontrar essas alternativas?

O propósito do pensamento crítico, quando aplicado, não deve ser causar desconforto, caos ou destruição. O pensamento crítico usado de forma positiva traz a melhoria contínua dos processos da empresa, da sua vida e da sociedade.

O pensamento crítico na era da inteligência artificial generativa

As ferramentas de inteligência artificial generativa são, antes de mais nada, ferramentas criativas. Isso significa que elas criam e inventam nomes, fatos e dados com o objetivo de obedecer ao prompt (comando) do indivíduo que está solicitando que ela solucione alguma tarefa.

Acreditar sem questionar o que uma inteligência artificial generativa produz pode levar ao aprendizado de conceitos incorretos e a decisões ruins no ambiente corporativo.

Se você não tem certeza dos fatos e dados produzidos ao trabalhar com uma inteligência artificial, é fundamental questioná-los e, se necessário, corrigi-los antes de passar adiante. A responsabilidade do resultado final não é do algoritmo, é de quem está operando.

Saber avaliar o que é produzido por uma inteligência artificial generativa é uma skill essencial para trabalhar em conjunto com as máquinas e algoritmos na era da cultura digital. Se não sabe criticar o trabalho de um robô, então você pode ser substituído por aquele robô.

Como saber se eu já dominei essa soft skill?

Questionar pode ser mais difícil do que parece. É fácil questionar as coisas que nos deixam desconfortáveis. Mas será que você realmente questiona tudo o que acontece ao seu redor? Inclusive os processos e acontecimentos que lhe agradam?

A maior armadilha da qual o pensamento crítico nos livra não é corrigir ou melhorar problemas que estão nos incomodando, mas sim aqueles que não estamos prestando atenção. Questionar essas ideias "ruins" é natural para todo mundo. Às vezes tudo parece ir bem na sua empresa ou na sua vida, mas de repente um problema te pega de surpresa. O pensamento crítico te ajuda a se livrar dessas surpresas.

O pensador crítico questiona todo tipo de processo ou ideias, goste ele ou não. É nesse processo que ele percebe como alguma coisa boa pode ficar melhor, pois encontra um erro que ninguém estava observando.

E, para corrigir esse problema descoberto pela análise crítica, é necessário se aprofundar na compreensão e trazer todos os envolvidos para o mesmo nível de entendimento, para só então organizá-los de forma colaborativa.

Um líder com pensamento crítico é fundamental para a melhoria contínua da empresa, para o desenvolvimento profissional dos seus liderados e para o crescimento de sua própria carreira.

Pensamento computacional e proficiência digital

Você é um usuário de tecnologia ou sabe criar produtos digitais?

Todos nós carregamos um supercomputador dentro do bolso. Seu celular tem 4 mil vezes mais capacidade de processamento que o computador da Apollo 11, a espaçonave que levou o homem à lua.

Mas será que você está usando todo esse potencial a seu favor?

Ser um usuário passivo de tecnologia já não lhe dá mais nenhuma vantagem competitiva no mercado, seja como funcionário, seja como empreendedor.

O pensamento computacional é uma forma de usar seu próprio cérebro para solucionar problemas e projetar sistemas do mesmo modo que um computador faria. É usar a lógica e a criatividade para quebrar problemas grandes em partes menores, identificar padrões e criar soluções passo a passo.

Tecnologia em todas as áreas

Recentemente fui em uma consulta com uma médica recém-formada. Ela usou a lanterna do celular para examinar a minha garganta, procurou em um aplicativo o código da doença para colocar no atestado e procurou em outro aplicativo o princípio ativo do remédio para fazer a prescrição. Na mesa tinha apenas o celular, o receituário e o bloco de atestados.

Em alguns lugares o receituário já sumiu, substituído por um sistema que envia a receita por WhatsApp. Na farmácia você apresenta um QR Code que pode ser lido para acessar a receita emitida pelo médico.

Em pouco tempo o atestado já deve dar lugar a um sistema integrado, inclusive com o Ministério do Trabalho e com o sistema de RH das empresas.

Sabe o que acabei de fazer? Quando expliquei como funciona a receita via WhatsApp e sugeri que o atestado vai virar um sistema? Utilizei o pensamento computacional.

Pensamento computacional consiste em elaborar a solução de um problema de forma que um computador possa resolver.

Para desenvolver o pensamento computacional, antes de mais nada é necessário proficiência digital (saber usar a tecnologia de forma eficiente para produzir resultados). É deixar de ser usuário para ser criador.

Isso não significa que você precisa se tornar programador, mas é preciso entender as tecnologias existentes e como os algoritmos funcionam. Da mesma forma que você aprende português e matemática na escola, mas não precisa se tornar um escritor ou estatístico.

A base da proficiência digital atualmente é composta de quatro pilares: Social, Mobile, Analytics e Cloud (conhecidos como SMAC).

Entendendo o SMAC (Social, Mobile, Analytics e Cloud)

Cada um desses campos inclui aprendizados fundamentais para compreender não só a tecnologia, mas também o mundo dos negócios atualmente. Vamos entender melhor a seguir.

- **Social**: Entender o Social significa saber como funcionam os aplicativos e plataformas de mídias sociais, como elas possibilitam que essas empresas sobrevivam de anúncios, como permitem o crescimento dos influenciadores digitais e como são fontes de dados riquíssimas sobre o comportamento humano.

- **Mobile**: Aprender sobre o Mobile significa entender as plataformas de desenvolvimento de aplicativos e os sensores e antenas embutidos no seu smartphone, como WiFi, GPS, Bluetooth, NFC, acelerômetro, entre outros.

  Nessa categoria entra também a compreensão de outros dispositivos móveis, como tablets; wearables, como smartwatches; e diversos outros itens que são literalmente chamadas de Internet das Coisas (IOT).

- **Analytics**: Compreender o mundo da análise de dados inclui entender desde datasets e banco de dados, ferramentas de visualização, KPIs e infografia até algoritmos de estatística descritiva, machine learning e outros conceitos dentro do campo da inteligência artificial. E usar todo esse potencial para transformar dados em conhecimentos que darão suporte a decisões.

- **Cloud**: Aqui você aprende sobre a infraestrutura dos serviços digitais, por exemplo, como os dados trafegam, como ficam armazenados e como são acessados à distância. Esse é o conhecimento necessário para levar seu negócio para qualquer lugar.

  Nessa categoria entra também a compreensão de outras tecnologias de tráfego de dados como o o 5G e 6G, conceitos como latência e largura de banda e local de processamento de dados como a computação de borda (Edge Computing).

A proficiência digital e as tecnologias emergentes

Depois de explorar as tecnologias do mundo do SMAC, é hora de mergulhar nas tecnologias emergentes que estão remodelando sua área de atuação.

A seguir listo algumas das tecnologias emergentes na época do lançamento deste livro, que talvez já tenham se tornado comuns no seu dia a dia.

- **Inteligência artificial**: Entender a IA significa saber como os sistemas inteligentes são estruturados para aprender e melhorar, como eles são aplicados em diferentes campos, desde a automação até a medicina, e como eles podem influenciar o desenvolvimento e a competitividade dos negócios.

- **Realidade aumentada e virtual**: É preciso acompanhar como essas tecnologias estão remodelando as experiências de consumo e aprendizado, e como elas podem ser integradas aos modelos de negócios existentes para criar experiências únicas.

- **Robótica**: Aprender sobre robótica é entender como os robôs e outras tecnologias de automação estão sendo usados em diferentes indústrias, de fábricas a hospitais, e como essa automação pode impactar a produtividade e a eficiência dos negócios.

- **Drones**: Conhecer drones envolve entender como eles são controlados; como são usados para entregas, filmagens e monitoramento; e como isso pode ser aplicado para melhorar os serviços de logística em geral e outras operações comerciais.

- **Mobilidade urbana**: Abordar a mobilidade urbana é entender como as cidades estão se tornando mais inteligentes, como novas formas de transporte (como carros autônomos, carros voadores e trens de levitação magnética) estão mudando a maneira como nos movemos e como isso pode abrir novas oportunidades de negócios.

- **Space Techs**: Explorar as tecnologias espaciais implica compreender o básico das viagens espaciais e satélites de baixo custo; como as empresas privadas estão participando da corrida espacial; e como isso pode abrir novos mercados e oportunidades, criando viagens ultrarrápidas ao redor do planeta com voos suborbitais e orbitais.

- **Computação quântica**: Desvendar a computação quântica é entender os princípios fundamentais da física quântica, como ela está acelerando indústrias como finanças, logísticas e saúde e como isso pode revolucionar outros negócios e a segurança da informação.

Vale ressaltar que não é suficiente apenas conhecer essas tecnologias, mas também é necessário saber como aplicá-las em suas operações, para obter o máximo benefício e manter-se competitivo.

Sem proficiência digital e pensamento computacional, um líder, seja em uma grande empresa, seja em uma pequena startup, não é capaz de formular soluções aplicáveis no mundo de hoje e direcionar seus times para usarem os melhores recursos.

No mundo digital, assim como no mundo da escrita, não basta saber reconhecer as letras, é preciso ser capaz de organizá-las em palavras para expressar seus pensamentos. Alfabetização digital vai muito além de saber operar seu celular. Pense nisso!

Inteligência emocional

A inteligência emocional é a capacidade de identificar e lidar com as emoções, tanto as suas próprias quanto as de outras pessoas.

Existem diversos estudos que dividem a nossa inteligência em diferentes tipos (espacial, linguística, matemática, musical, etc.) a inteligência emocional está ligada a dois tipos:

- **Inteligência interpessoal**: Inclui nossas habilidades de "ler" outras pessoas, comportamento em sociedade e empatia.

- **Inteligência intrapessoal**: Representa nossa capacidade de nos entender e controlar internamente.

Das skills necessárias para a liderança digital, a inteligência emocional é uma das mais difíceis de dominar e ao mesmo tempo uma das mais necessárias.

A tecnologia é feita por pessoas para ser usada por outras pessoas, se você não entende pessoas, não entende para que serve a tecnologia. Se não desenvolver sua inteligência emocional, você não vai compreender as pessoas e, consequentemente, a transformação digital.

Estágios da inteligência emocional

A jornada para desenvolver sua inteligência emocional possui quatro estágios, sendo dois internos (autoconsciência e autogestão) e dois externos (consciência social e gestão do relacionamento).

1. **Autoconsciência**: Entender e reconhecer as próprias emoções, motivações e limitações.

2. **Autogestão**: Controlar e regular as próprias emoções e comportamentos de maneira eficaz.

3. **Consciência social**: Compreender e perceber as emoções, necessidades e preocupações dos outros.

4. **Gestão de relacionamento**: Interagir e se comunicar efetivamente com os outros, construindo e mantendo relacionamentos saudáveis, estabelecendo limites, resolvendo conflitos e aprendendo a dizer "não" de maneira assertiva.

Se você conseguir passar por esses estágios, certamente estará um passo à frente de como desenvolver a inteligência emocional.

Habilidades da inteligência emocional

Ao percorrer a jornada para desenvolver sua inteligência emocional você desenvolve quatro habilidades básicas.

1. **Perceber as emoções**: Identificar os sentimentos a partir de estímulos diversos como mudanças na voz, nas expressões ou na postura corporal.

2. **Usar as emoções**: Considerar, no seu raciocínio mental, o estado emocional das pessoas envolvidas e avaliar como usar isso nas ações e soluções dali em diante.

3. **Entender as emoções**: Perceber as variações emocionais ao seu redor e como elas afetam as ações de todos os envolvidos.

4. **Gerenciar as emoções**: Saber lidar com essas emoções para que elas não atrapalhem seus objetivos e não tragam problemas posteriores em função de algo que não foi resolvido.

Com essas habilidades você está preparado para aperfeiçoar cada vez mais sua inteligência emocional.

Como colocar em prática?

Conhecer seus próprios sentimentos e emoções e tirar o melhor do que eles podem oferecer é essencial para aplicar a inteligência emocional na prática. Dessa forma, estando consciente e compreendendo a si mesmo, a inteligência emocional permite uma melhora nos relacionamentos na vida pessoal e no trabalho. Encontre a seguir algumas dicas práticas para você se desenvolver.

Autoconsciência

Saber quais são os seus pontos fortes e fracos é um dos primeiros pontos para saber lidar com suas próprias emoções.

Para desenvolver essa consciência, é necessário muita observação e feedback.

- Como os acontecimentos diários afetam suas emoções?

- Como você reage a diferentes tipos de interações com outras pessoas?

- Que sentimentos você consegue identificar nessas reações?

- Quais as razões para as reações que você ou os outros consideram inadequadas?

- Você entende suas limitações, procura melhorar, aceita que seus erros são parte do processo e é capaz de se perdoar?

- Você busca a perfeição a todo custo ou faz coisas apenas para ser aceito pelo grupo?

Alguns dos sentimentos mais comuns incluem (mas não se limitam a): admiração, adoração, apreciação estética, diversão, raiva, ansiedade, temor, constrangimento, tédio, calma, confusão, desejo, nojo, dor empática, êxtase, excitação, medo, horror, interesse, alegria, nostalgia, alívio, romance, tristeza, satisfação, desejo sexual e surpresa.

Entender a diferença entre esses sentimentos é uma forma de fazer uma análise mais detalhada do que você está sentindo e encontrar os gatilhos que disparam esse sentimento.

Algumas práticas que podem ajudar na sua autoconsciência envolvem os seguintes conceitos.

- **Autorreflexão**: Reserve um tempo regularmente para refletir sobre suas emoções, reações e comportamentos em diferentes situações.

- **Registro emocional**: Mantenha um diário emocional para rastrear suas emoções e identificar padrões e gatilhos.

- **Feedback**: Busque feedback de colegas, amigos e familiares sobre seu comportamento emocional e habilidades de relacionamento, e use essas informações para melhorar sua inteligência emocional.

Vulnerabilidade

Uma vez que você reconhece suas fraquezas, expô-las ajuda as pessoas ao seu redor a lidar melhor com os seus sentimentos.

A vulnerabilidade também gera admiração por parte de outras pessoas, principalmente por conta da coragem em se expor.

Muitas vezes, quando você admite uma fraqueza para um grupo, isso não surpreende ninguém, é bem possível que essas pessoas já tenham enxergado aquele problema, mas não tinham abertura para falar disso.

Com a sua exposição cria-se o espaço para falar abertamente sobre aquela fraqueza, tornando-se possível receber ajuda dos outros.

Uma equipe em que todos têm consciência dos pontos fortes e fracos de cada um gera uma maior honestidade e cumplicidade no relacionamento. Torna-se mais fácil identificar comportamentos inadequados (gatilhos que fazem mal para alguém do grupo) e minimizar o impacto decorrente de problemas emocionais.

Algumas atitudes para melhorar sua vulnerabilidade são as seguintes.

- **Expor suas fraquezas**: Compartilhe abertamente suas fraquezas e desafios com pessoas próximas, criando um ambiente de confiança e compreensão mútua.

- **Aceitar feedback construtivo**: Esteja aberto a receber críticas construtivas e utilize-as como oportunidades de crescimento pessoal.

- **Desenvolva honestidade emocional**: Seja autêntico e genuíno ao expressar suas emoções, permitindo que os outros se conectem de forma mais profunda com você.

Empatia

Empatia é analisar a trajetória e realidade de outra pessoa, pensar a partir da perspectiva dela e então sentir o que ela sente. É muito mais do que se "colocar no lugar do outro", é deixar de pensar do seu ponto de vista por um instante e compreender o do outro.

Compreender o que o outro sente, pensa e acredita não significa automaticamente concordar com essa pessoa. Inclusive, o entendimento profundo do outro ajuda a lidar com as diferenças e eventualmente contorná-las para gerar uma colaboração.

Empatia é uma palavra que foi muito esvaziada e mal interpretada, muitas vezes interpretamos o que sentimos ao olhar o outro, e assumimos que o outro se sente da mesma maneira. Nesses casos, agimos com piedade ou indiferença sem necessariamente ter entendido o que o outro está vivenciando.

Perguntar, ouvir com atenção, conversar, conhecer outras realidades e estudar outras culturas. Não é fácil ter empatia sem compreensão do mundo do outro. Por isso requer treino e pesquisa.

Algumas ações que podem ajudar a desenvolver empatia incluem as seguintes.

- **Escuta ativa**: Ouça atentamente e sem interrupções enquanto demonstra interesse e compreensão pelo que a outra pessoa está comunicando.

- **Explore diferentes perspectivas**: Aprenda sobre outras culturas, contextos e realidades para ampliar seu entendimento do mundo e das experiências dos outros.

- **Pergunte e se informe**: Faça perguntas para obter insights e compreensão mais profunda das emoções e necessidades dos outros.

- **Cultive a compaixão**: Desenvolva uma atitude compassiva em relação aos outros, reconhecendo suas lutas e desafios.

Controle emocional

Uma vez que você conhece suas fraquezas e seus gatilhos, precisa desenvolver técnicas para não explodir no trabalho, não se ofender facilmente, não cultivar rancores ou deixar uma brincadeira de mau gosto atrapalhar a apresentação do seu projeto.

Existem diversas técnicas de controle emocional, é necessário testar e ver o que funciona para você.

Com essa coleção de ferramentas organizada, é preciso criar o hábito de utilizá-las nos momentos necessários. Veja adiante algumas técnicas.

- **Meditação e mindfulness**: Pratique a meditação ou outras atividades de atenção plena para aumentar a consciência de suas emoções e pensamentos no momento presente.

- **Autocuidado**: Estabeleça hábitos saudáveis de sono, exercício e alimentação para ajudar a regular as emoções e lidar com o estresse.

- **Relaxamento**: Aprenda e pratique técnicas de relaxamento, como respiração profunda, visualização ou ioga, para ajudar a controlar o estresse e as emoções.

- **Identifique gatilhos emocionais**: Esteja atento aos eventos, situações ou pensamentos que desencadeiam reações emocionais intensas; e desenvolva estratégias para lidar com eles de maneira saudável.

- **Busque apoio**: Não hesite em buscar ajuda profissional, como terapia ou aconselhamento, para aprender técnicas específicas de controle emocional e receber suporte adequado.

O mito da resiliência

Se você já pesquisou sobre inteligência emocional em algum momento, talvez já tenha ouvido falar que precisa ser resiliente.

Resiliência, na natureza, é quando um material volta à sua forma original após ser submetido a alguma deformação.

Somos treinados para manter nossa "forma" mesmo mediante de abusos e pressões psicológicas de qualquer tipo. O resultado disso, em geral, é o burnout.

Minha recomendação é: seja adaptável, e não resiliente.

O mundo muda constantemente e, mesmo se preparando, você vai sofrer com essas transformações. Talvez sua forma original não seja ideal para lidar com as situações do dia a dia, você vai precisar se transformar e se adaptar ao ambiente. Isso é bem mais útil e poderoso do que ser resiliente.

A melhor maneira de lidar com suas emoções é senti-las e trabalhá-las, de preferência com o auxílio de um terapeuta. Muitas pessoas têm preconceito com psicoterapia, por pensar que se trata de "coisa de maluco". Todos nós podemos desenvolver nossa inteligência emocional mais rapidamente usando a terapia como ferramenta.

Ser indiferente ao que acontece à sua volta e estar sempre com o mesmo humor e bem é impossível. E quem insiste nisso provavelmente está agindo com positividade tóxica.

Seja livre para viver todos os seus sentimentos e aprenda como desenvolver a inteligência emocional, assim você evita que emoções atrapalhem a sua vida e a de outras pessoas.

Criatividade

Muitas pessoas acreditam que criatividade é um talento nato, que as pessoas nascem criativas. Mas a realidade é que a criatividade é uma habilidade que pode ser desenvolvida.

As pessoas que parecem ter nascido criativas receberam estímulos para manipular esses símbolos e objetos desde pequenos. Elas tiveram a oportunidade de desenvolver sua criatividade ainda na infância.

O mito dos lados do cérebro
Precisamos entender também que não existe um lado racional e outro criativo do cérebro. Nosso cérebro tem dois hemisférios que trabalham em conjunto. Existem áreas responsáveis por determinadas funções (como a fala, a visão, o tato), mas os lados direito e esquerdo não têm características distintas.

Se você pedir para alguém resolver um problema e monitorar a atividade cerebral dessa pessoa, verá diversas áreas do cérebro de ambos os lados serem acessadas durante a criação da solução.

Esse conceito vem de uma pesquisa antiga e desatualizada. Porém, é repetido à exaustão por diversos livros de autoajuda, o que faz com que muita gente tenha "certeza" de que é verdade.

Precisamos desconstruir esse mito para "destravar" seu cérebro quanto ao desenvolvimento da criatividade. A fisiologia do seu cérebro não determina sua criatividade.

O mito das pessoas de Humanas ou Exatas
Outro mito diz respeito às pessoas serem "de Humanas" ou "de Exatas". Os indivíduos "de Humanas" receberam mais estímulos relacionados à comunicação e às artes e se tornaram mais eficientes em tarefas desse tipo. Enquanto isso, pessoas "de Exatas" receberam mais

estímulos relacionados à lógica e à matemática, e acabaram mais bem-sucedidos em problemas dessa espécie.

O período escolar reforça esse conceito. O aluno que tem mais aptidão, por conta dos estímulos anteriores, para as áreas de Exatas ou Humanas acaba sendo rotulado dessa maneira por pais e professores, e acaba abraçando a ideia.

Ser elogiado ao fazer uma tarefa nos ajuda a aceitar esse rótulo. Se uma pessoa com aptidão para Humanas recebe elogios e melhores notas ao escrever uma redação, porque ela vai se dedicar a fazer cálculos, que apenas geram críticas e notas ruins?

Aprender algo novo, em uma área que você não domina, vai requerer muito mais esforço e motivação do que seguir dentro da sua zona de conforto.

Quando aprendi a dançar, fiz um curso que prometia me ensinar os passos do Rockabilly em três meses. Porém, demorei seis meses para conseguir dançar no ritmo. Eu nunca fui a pessoa com a melhor coordenação nos pés, precisei de mais tempo e esforço do que outros alunos. Só consegui aprender algo novo porque permiti que me tratassem como uma criança de cinco anos, que o professor literalmente pegava na mão para ensinar.

Se você se der mais tempo, se dedicar e permitir que o tratem como um jovem aprendiz, pode aprender tudo.

O que é criatividade?
Uma das definições que mais gosto de criatividade é: "Criatividade é quando manipulamos símbolos ou objetos externos para produzir um evento incomum para nós ou para nosso meio".

Podemos dividir essa definição em duas partes:

- **Repertório**: Para manipular símbolos ou objetos externos, precisamos ter posse desses artefatos em nossa mente.

- **Objetivo**: Para produzir um evento incomum, precisamos de um objetivo para direcionar nossa criatividade.

É comum pensar que, no mundo dos negócios, os objetivos precisam ser lógicos e racionais. Nesse caminho equivocado, muitos ignoram negócios como a arte e o entretenimento, pois ignoram que esses mercados têm objetivos emocionais.

Você pode ser criativo para fazer alguém feliz, para causar impacto na sociedade, para gerar uma reflexão, para expor uma situação inusitada ou para criar algo inesperado.

Nós somos feitos de lógica e emoção. Ficamos tristes quando alguém morre. Logicamente, é fácil aceitar uma morte, pois é o ciclo da natureza. Emocionalmente, a morte de alguém querido pode nos fazer sentir como se tivessem tirado o nosso oxigênio. Você tenta respirar, mas seu pulmão não se enche de ar, o oxigênio está ali, mas ainda falta algo — o que falta não é físico, é emocional. E, apesar de a saudade não existir materialmente, nós sentimos essa falta de uma forma quase física.

Existe a criatividade para resolver problemas, para criar soluções e empreender. Mas também existe a criatividade para confortar, alegrar e provocar.

Quando falamos de repertórios, cometemos os mesmos erros. Para ser criativo no mundo dos negócios digitais não basta estudar Administração e Tecnologia.

Criando repertório

Se queremos ser criativos, precisamos desenvolver repertório. O repertório é a matéria-prima que será combinada para produzir criatividade.

Falando de criatividade para cultura digital, precisamos de pelo menos três repertórios: sensorial, artístico (cultural) e tecnológico (digital).

Repertório sensorial

Esse é o primeiro repertório que todos desenvolvemos ainda na infância. Para desenvolvê-lo, você precisa estimular os cinco sentidos: visão, audição, tato, paladar e olfato.

Vale destacar que criar repertório e desenvolver a criatividade são exercícios diferentes dos sentidos. Por exemplo, para desenvolver sua visão, é necessário prestar atenção em todos os detalhes à sua volta, em ambientes claros ou iluminados é possível enxergar melhor.

Já para o processo criativo, é recomendada uma luz baixa para eliminar distrações visuais e focar nossa mente em nosso repertório visual interno.

O mesmo acontece com os demais sentidos. Você vai ouvir música para estimular a audição, ou até tocar um instrumento musical se quiser ir além. Porém, para trabalhar recomenda-se usar Brown Noise, um tipo de som parecido com o White Noise (usado para relaxar ou dormir), mas em uma frequência diferente. Você encontra playlists de Brown Noise gratuitamente em plataformas de streaming de música, como o Spotify.

Para desenvolver olfato e paladar, explore diferentes alimentos e bebidas, aprenda a reconhecer os cheiros e sabores doces, salgados, azedos e amargos.

E temos o tato, que, apesar de muitos associarem às mãos, é um sentido da pele, que envolve todo o corpo. Sentir com o corpo inteiro, reconhecendo texturas, temperaturas e pressão, entre outras sensações, é fundamental para termos uma consciência plena do espaço ao nosso redor e até dos nossos sentimentos.

Repertório artístico e cultural
Com os sentidos afiados, é hora de aprender a apreciar a arte em sua plenitude. Existem onze tipos de artes reconhecidas:

1. Música (som)

2. Artes cênicas (movimento)

3. Pintura (cor)

4. Escultura (volume)

5. Arquitetura (espaço)

6. Literatura (palavra)

7. Cinema (audiovisual)

8. Fotografia (imagem)

9. História em quadrinhos (cor, palavra, imagem)

10. Video Games (todas as anteriores e gamificação)

11. Arte digital (imagens produzidas por computador 2D, 3D e programação)

Conhecer as artes além dos seus gostos pessoais é fundamental para desenvolver seu repertório. Isso envolve consumir tipos e estilos dessas artes que você não teria contato naturalmente.

Entender os públicos dessas artes e seus estilos, os comportamentos associados a cada um e seus fenômenos culturais é fundamental para ampliar seu repertório artístico e cultural.

Para dominar seu repertório artístico, recomendo experimentar todas estas artes: cante, toque, dance, interprete, pinte, esculpa, organize, filme, edite, fotografe, desenhe, apresente e programe.

O objetivo não é necessariamente tornar-se um artista, mas explorar de forma mais íntima e profunda os seus sentimentos e sensações, sua relação com o mundo e com a sociedade. Deixe sua mente vagar em diferentes direções e prepare o terreno para a criatividade.

Repertório tecnológico e digital

Uma das bases do repertório tecnológico e digital é o pensamento computacional (ser capaz de criar tecnologia e não apenas consumi-la). O pensamento computacional possui quatro pilares principais, atualmente conhecidos como SMAC (Social, Mobile, Analytics e Cloud).

Outra forma bem comum de desenvolver repertório tecnológico de uma forma criativa é consumir ficção científica. Além de filmes, você vai encontrar literatura, jogos, quadrinhos e outros objetos artísticos desse gênero.

Na ficção científica, muitas vezes fantasia e realidade se mesclam, produzindo ideias de avanços que, apesar de ainda não existirem, podem ser criados usando tecnologias existentes. Não é incomum que invenções saiam da ficção científica para a realidade de tempos em tempos.

Existem processos criativos com foco em preparar empresas para o futuro que usam uma combinação de design thinking com ficção científica, criando o "Design Fiction" ou "Futurecast Sprint".

Entenda que você não tem limitações, saia da zona de conforto e crie repertório sensorial, artístico e digital. Pronto! Você tem todo o preparo necessário para se tornar uma pessoa criativa tecnológica na era da transformação digital.

A criatividade imaginativa na era da inteligência artificial

Conforme mergulhamos na era da inteligência artificial (IA), a criatividade humana assume um papel cada vez mais crítico. As máquinas têm, sem dúvida, um potencial incrível, mas é o operador humano que define os limites de suas habilidades.

O trabalho em parceria com a IA nos apresenta uma nova forma de cocriação, em que as máquinas podem gerar ideias e entregar resultados, mas ainda dependem do pensamento e intuição humanos para guiar seu potencial criativo.

Isso nos leva a um componente essencial do processo criativo: a imaginação. Ela é uma espécie de superpoder que nos permite visualizar o que ainda não existe, permitindo-nos formular comandos criativos para a IA. A nossa capacidade de imaginar possibilita gerar perguntas e propostas mais elaboradas e completas, o que é crucial ao direcionar o processo de cocriação com a inteligência artificial.

Neste contexto, devemos ver a IA como um parceiro criativo, um extensor da nossa própria criatividade. No entanto, a IA não costuma fazer, sozinha, conexões entre áreas do conhecimento muito distantes, ou ainda adicionar experiências pessoais, emoções ou percepções humanas ao contexto.

A máquina não pode sentir a tristeza que sentimos quando alguém morre, nem a alegria quando algo maravilhoso acontece. A IA também não pode entender os objetivos emocionais que muitas vezes guiam nosso processo criativo.

Embora possamos argumentar que a IA é capaz de "manipular objetos para produzir algo incomum", ela só pode fazer isso dentro das restrições que lhe damos. Neste sentido, a criatividade humana ainda é necessária para expandir a criação da IA, para fazer conexões inesperadas, para dar o comando certo e para adicionar contexto humano ao resultado.

Na era da IA, nosso papel como seres humanos criativos é mais importante do que nunca. Precisamos usar nossa imaginação para dar os melhores comandos à IA, para validar o que ela produz e para fazer as conexões que só nós, com nossas experiências de vida únicas, podemos fazer.

Resolução de problemas complexos

Ser líder também é ser um solucionador de problemas. Mas nem todos os problemas são iguais, alguns são mais difíceis — chamamos estes de "problemas complexos".

Problemas complexos são confusos. Eles têm muitas partes que se conectam de maneiras complicadas. Além disso, são cheios de incertezas e aspectos desconhecidos. O mais difícil é que não existe uma solução simples e pronta para eles.

Para ser um bom líder, você precisa tomar decisões rápidas. Isso é ainda mais importante quando se trata de problemas complexos. Por quê? Pois, quanto mais tempo eles ficam sem uma solução, mais prejuízo geram para a empresa.

Então, o que um líder pode fazer? Desenvolver a habilidade de resolver problemas complexos. Essa habilidade nos ajuda a lidar com a incerteza, a encontrar soluções onde parece que não existem e a nos adaptar a um mundo em constante mudança.

Para resolver problemas complexos, você precisará de flexibilidade cognitiva, pensamento crítico, pensamento computacional, inteligência emocional e criatividade aliada às técnicas descritas a seguir.

Técnicas de resolução de problemas

Caso se depare com um problema novo e mal definido, tenha essas dicas à mão para resolver tudo o mais rápido e da melhor forma possível.

Foco no essencial

Não é preciso encontrar a solução perfeita! Quando lidamos com desafios inéditos, muitas vezes, uma resposta rápida que sirva para tranquilizar os envolvidos é um ótimo começo. Descubra qual é o foco central do problema e resolva isso primeiro. Uma resposta, ainda que parcial, dará o fôlego para ir melhorando sua solução gradativamente.

Compreenda o ambiente

É comum nos concentrarmos muito no negócio e esquecermos das pessoas. Além de ouvir e se colocar no lugar delas, analise também o ambiente e como ele pode afetar o problema.

Há algum aspecto geográfico, sazonal, cultural, político, econômico ou social relacionado ao problema? Como isso influencia o seu negócio, as pessoas e o problema? Esta análise pode oferecer dicas valiosas de como resolver a situação.

Dividir para conquistar

Avalie se o problema pode ser dividido em partes menores e delegue cada segmento a um especialista. Escolha alguém para gerir a comunicação do problema, outro para lidar com o aspecto técnico, outro para analisar o impacto no negócio, e assim por diante.

Diferentes pontos de vista (empatia)

Tente se posicionar no lugar de cada pessoa que será afetada pelo problema. Imagine a história de vida dela, reflita sobre como será para ela lidar com a solução que você propôs. Este exercício, além de auxiliar a avaliação da sua solução, pode ainda fornecer ideias de como solucionar o problema de uma forma ainda melhor.

Feedback (ouvir) & feedforward (prever)

Escute atenciosamente o que todos os envolvidos têm a dizer. Isso facilita a compreensão da magnitude do problema, por que ele ocorreu e o que pode acarretar; e, quem sabe, você ainda receba algumas sugestões de como solucionar a situação.

À medida que você se habitua a ouvir, começa a se aperfeiçoar em prever. Tente visualizar como sua solução impactará a vida de todos os envolvidos. Tente antecipar o que eles diriam após sua solução ser implementada, isso ajudará a prever o potencial de sucesso da sua ideia.

Soluções alternativas

Não se restrinja a uma única solução, pense em várias. Se possível, organize diferentes equipes e/ou solicite a opinião de diferentes especialistas. Promova um workshop para compartilhar as ideias e reuni-las para encontrar a melhor opção.

Teste: falhe rápido e aprenda ainda mais rápido

Em se tratando de problemas, se a sua ideia não envolve risco de vida, é melhor testar a sua solução o mais rápido possível. Se falhar, anote o aprendizado para tentar novamente o quanto antes. Errar na prática ensina muito mais do que fazer previsões em reuniões sem fim.

70% é aceitável

Está em dúvida se deve implantar a solução de um problema? Questione-se: qual a probabilidade de sucesso? Se for igual ou superior a 70%, vá em frente. É um risco aceitável a se correr. Ao menos é o que acredita Jeff Bezos, fundador da Amazon.

CONCLUSÃO

O mundo digital não é um mundo à parte. Todos nós somos digitais.

Nossas relações pessoais e profissionais agora são mediadas por plataformas digitais. Compramos, vendemos, investimos e nos endividamos por meio de sites, aplicativos e totens de autoatendimento.

Isso não tornou o mundo físico menos importante, nem nos fez mais distantes. Agora resolvemos tudo à distância para estarmos presentes quando realmente importa.

Ainda viveremos durante muito tempo em conflito. As gerações mais antigas, que não estavam acostumadas com um mundo desmaterializado, aprenderão a conviver com os nativos digitais.

Os nativos digitais, por sua vez, terão de desaprender e reaprender o tempo todo conforme as tecnologias evoluem.

Vamos aprender a conviver em mundos virtuais, interagir com máquinas por meio da voz e experimentar novas interfaces que ainda estão por surgir.

E, se você ainda está confuso após ler este livro, não se preocupe! Quem não está confuso provavelmente está mal-informado.

www.dvseditora.com.br

Impressão e Acabamento | Gráfica Viena
Todo papel desta obra possui certificação FSC® do fabricante.
Produzido conforme melhores práticas de gestão ambiental (ISO 14001)
www.graficaviena.com.br